Coaching pour changer avec plaisir

Innovez !

Éditions d'Organisation
Groupe Eyrolles
61, bd Saint-Germain
75240 Paris cedex 05

www.editions-organisation.com
www.editions-eyrolles.com

Avec la collaboration de Julie Bouillet

© Groupe Eyrolles, 2007
ISBN : 978-2-212-53842-7

Bruno CHAINTRON

Coaching pour changer avec plaisir

Innovez !

Préface de Michel Crozier
de l'Académie des Sciences Morales et Politiques

EYROLLES

Éditions d'Organisation

Sommaire

Préface de Michel Crozier[1]

Les manuels, et même les livres de management, sont encore généralement dominés par l'application d'un modèle de rationalité simple et clair : s'informer, analyser, décider. En matière de décision pourtant, on se rend compte de plus en plus que ce modèle ne correspond pas à la réalité ; il ne représente pas ce que l'on fait mais ce que l'on devrait faire, ce qui est utile, mais imparfait et même dangereux. Théoriciens et praticiens de la décision se sont depuis longtemps efforcés d'élaborer un modèle plus proche de la réalité qui puisse éviter les erreurs et les conflits qui naissent d'une trop grande confiance dans une rationalité simple que l'on croit trop facilement infaillible.

Le livre de Bruno Chaintron présente, sous une forme très claire et humoristique, ces nouvelles idées. Pour répondre aux problèmes récurrents de l'écart entre les diverses solutions techniques des participants, il montre au moyen d'exemples pratiques comment, au lieu de s'informer, on ignore, au lieu d'analyser, on juge, et au lieu de décider rationnellement, on réagit. Il montre aussi comment on peut améliorer ce schéma que l'on trouve derrière toutes les innombrables scléroses des organisations réelles. Plus particulièrement, le droit à l'erreur face aux « *distances cognitives* » et un plus haut degré de transparence face aux « *distances relationnelles* » vont permettre de mieux analyser. L'écoute, enfin, va aider à dépasser la critique *ad hominem* chez le supérieur et la peur du jugement chez les subordonnés.

De façon plus générale, les organisations oscillent entre un système « Nous » qui donne le primat aux valeurs de solidarité mais qui conduit à des mécanismes de déresponsabilisation

---

1. Membre de l'Académie des Sciences Morales et Politiques.

destructeurs de valeurs, et le système « Moi » qui privilégie les valeurs d'autonomie mais qui menace de précipiter les organisations dans une sur-compétitivité coûteuse.

Nous pouvons œuvrer pour créer des organisations responsables, à la fois autonomes et solidaires.

Clair et net, et pourtant nuancé et sagace, le manuel de Bruno Chaintron apporte une bouffée d'optimisme dans un monde du management trop souvent abstrait et sclérosé.

Introduction

Quel casse-tête que de vouloir changer les habitudes des entreprises ! Tous les innovateurs, tous les entrepreneurs le savent. À trop vouloir innover, on s'expose aux jugements et aux réactions à l'emporte-pièce : « Cela ne marchera jamais, d'autres s'y sont cassé les dents avant toi. Tu n'as pas l'expérience, tiens-toi tranquille !... » Le drame de l'innovateur en entreprise, c'est qu'il se sent très vite frustré : « Mais pourquoi personne ne me comprend ? Pourquoi personne ne bouge ? » Et cette frustration risque d'attiser les réactions et de bloquer encore plus le système : « Mais qu'est-ce qu'il a celui-là à vouloir tout changer ? Tiens, il va bien voir !... »

Ce livre part d'une évidence : il est plus facile de gérer sa frustration que de changer les autres. En d'autres termes, il est beaucoup plus aisé de changer soi-même que de changer l'entreprise. Il est né de mon expérience d'entrepreneur dans de grands groupes français, anglais et américains. La grande découverte, qui reste pour moi une source d'émerveillement, est qu'en prenant précisément conscience des mécanismes qui créent notre propre frustration, on perçoit mieux ce qui, en nous, attise les réactions d'autrui. Et on devient davantage capable de les désamorcer. Innover peut alors redevenir presque un jeu.

Ce livre est un antidote à la frustration des managers qui veulent innover. Dans sa forme d'abord, que j'ai voulue originale, ludique. Vous allez découvrir l'histoire de Marin, un cadre d'entreprise au bout du rouleau. Pas de grands discours, mais un dialogue. Marin échange avec Marko, son patron, et avec Merlin, son coach. Les échanges sont courts, vivants, tirés de la vie réelle. Au fil des dialogues, de nombreux graphiques et tableaux résument simplement exemples, outils et conseils pratiques.

Les clés proposées ici m'ont concrètement permis de transformer une banque, de créer un éditeur de logiciel, et d'aider à lancer des systèmes de courrier électronique dans des environnements complexes. Les connaître plus tôt m'aurait épargné bien des difficultés… Le sujet est sérieux. Il s'agit d'en finir avec la stratégie de la bernique !

> Bernique : mollusque gastéropode, univalve extrêmement commun sur les rochers côtiers. Elle a une forme caractéristique de chapeau chinois et la coquille est très rugueuse. La bernique reste attachée au rocher même lorsque la mer se retire.

Pourquoi changer d'habitudes ? Parce que les pressions qui nous y poussent sont énormes. Les marchés se mondialisent à grande vitesse, les cycles de vie des produits se raccourcissent et la concurrence oblige chacun à se réinventer. On attend des managers qu'ils innovent.

Changer d'habitudes, pour quoi (d'autre) ? Parce que les nouveaux horizons que nous sommes appelés à embrasser sont gigantesques. Nous devons assurer la survie de nos entreprises, des systèmes de protection sociale et de l'environnement. On attend des managers qu'ils soient responsables.

La mer se retire, mais la bernique reste attachée au rocher… Comment peut-on réellement changer d'habitudes ? Comment peut-on véritablement entreprendre au milieu d'incertitudes croissantes ? Ce livre propose des clés pour l'action.

Comment se créent les habitudes ? Au niveau individuel, nous avons parfois l'impression de revivre des situations anciennes. Bien sûr, nous réagissons. Mais nous sommes le plus souvent incapables de prendre nos habitudes la « main dans le sac ». Et si ces habitudes n'étaient que des réactions à un processus dont nous sommes le plus souvent inconscients ? Ce livre dévoile la partie cachée de nos systèmes de prise de décision.

Quelles sont les conséquences de ce modèle pour nos entreprises, pour toutes nos organisations ? Réorganisation après réorganisation, un plan de réduction de coûts après l'autre, nous avons parfois l'impression de tourner en rond… Nous pensions créer des stratégies d'entreprise et nous voilà otages de systèmes culturels ! Ce livre propose des outils pour comprendre comment les organisations s'enferment dans des schémas répétitifs.

Que s'est-il passé ? À notre insu, des mécanismes psychologiques individuels ont engendré des mouvements de groupe sur lesquels nous n'avons pas prise. Le feu a viré au rouge, un embouteillage s'est créé. Le problème collectif est devenu visible pour tous. Mais, au plan individuel, nous avons perdu nos leviers d'action. Comment les regagner ? Il s'agit ni plus ni moins que de démonter la mécanique psychologique et organisationnelle qui menaçait de nous scotcher, telle la bernique au rocher. La psychologie et les nouvelles théories de l'organisation nous y aident. Le feu passe à l'orange, puis au vert. Les perspectives s'ouvrent.

Comment construire de la confiance et bâtir du sens ? Des leaders et des managers innovants construiront un jour des entreprises permettant à chacun d'être à la fois autonome et solidaire de tous. D'immenses gisements de valeurs résident encore au cœur des méthodes de management.

Gageons que les vingt prochaines années ouvriront de nouvelles perspectives tout à fait remarquables, tant au plan financier qu'humain. L'océan bleu est à portée de nos rochers.

Avant-propos
Un manager dans l'impasse

« La sagesse, pour tous, c'est connaître et accepter ses limites.
Que d'efforts sont perdus par l'idée d'une fausse grandeur, par
la recherche d'une perfection qui n'est pas à notre mesure ! »
Jean Guitton et Jean-Jacques Antier, *Le Livre de la sagesse et*
des vertus retrouvées

« Bien que je n'aie pas peur de la mort, j'aimerais mieux être
ailleurs quand ça se produira. »
Woody Allen

Lyon, Europe de l'Ouest. Employé par un grand groupe industriel, Marin s'était isolé pour réfléchir. Marko, son patron, venait de lui offrir la présidence d'une société spécialisée dans les services. Quand survint Merlin, son ami et confident de toujours :

– Dis donc, tu as l'air soucieux !

– Je ne sais pas si je dois accepter la direction de cette entreprise.

– Pourquoi ? Tu as de l'expérience.

– Oui, cela fait dix ans que je dirige des entreprises. Mais cette fois-ci, j'ai peur que ce soit sans issue.

– Explique-moi.

– Le marché souffre. L'entreprise perd de l'argent depuis plusieurs années. Des dizaines de concurrents se disputent âprement les quelques affaires qui sortent. Tout le monde limite ses investissements et enchaîne plan d'économies sur plan d'économies. Y compris les fournisseurs et les sous-traitants. On se débrouille avec des bouts de chandelles.

– N'y a-t-il aucun signe d'espoir ?

- Tenir jusqu'à un éventuel décollage du marché. Incertain et, de toute façon, ça prendra plusieurs années.

- As-tu les ressources humaines et financières pour tenir jusqu'à l'embellie ?

- Non. Les réductions de voilure successives ont démotivé tout le monde. L'équipe est démobilisée, les meilleurs sont partis. Les actionnaires hésitent à mettre la main à la poche.

- Es-tu sûr de ce que tu avances ?

- Oui.

- T'avait-on dit ce que tu as découvert ?

- Pas complètement. Au départ, on m'a vendu l'opportunité que constituait cette fonction. Puis j'ai posé des questions. Les réponses sont venues par bribes.

- Te voilà donc en situation d'exiger des moyens supplémentaires pour faire ce job !

- Oui. Mais ce n'est pas le problème. À quoi ça sert d'embaucher si les clients ne sont pas là et si les sous-traitants mettent la clé sous la porte ?

- Comment s'en sort le président actuel ?

- Il s'arrache les cheveux. Je l'ai senti épuisé. Je crois qu'il ne sait plus comment sauver l'entreprise. Il s'inquiète aussi de sa responsabilité juridique personnelle.

- Pourquoi cela ?

- Doit-il continuer ? Jusqu'où ? Il a de moins en moins de contrôle sur la situation de l'entreprise, mais il est pourtant aux yeux de la loi responsable de tout. Ne risque-t-on pas de lui reprocher un jour de ne pas avoir fait ce qu'il fallait ?

- Comment résoudrais-tu ce problème à sa place ?

- Je ne vois que deux issues : obtenir de l'actionnaire un engagement de recapitalisation clair ou décider de déposer le bilan.

- Et si la décision de recapitalisation s'avérait trop longue ou difficile à prendre ?

- Passé un certain stade, le président devrait déposer le bilan.

- Au fond de toi, as-tu envie d'y aller ?

– Plus maintenant. D'autres réagiraient différemment. Mais moi, j'ai assez donné.

– Alors, refuse cette nouvelle présidence.

Conseil

Avant d'accepter une nouvelle promotion, prenez du temps pour vous demander si vous avez véritablement l'envie, les capacités et l'énergie de mener cette nouvelle mission à bien.

État des lieux

• En France, le taux de confiance dans les entreprises s'érode régulièrement depuis une vingtaine d'années. Il est tombé de 56 % en 1986 à 45 % en 2002. Dans le même temps, le pourcentage de personnes déclarant ne pas faire confiance à l'entreprise est passé de 15 % à 54 %.

• Cette dégradation du taux de confiance dans l'entreprise se retrouve au début du XXIe siècle dans de nombreux pays du monde, des États-Unis à l'Argentine, en passant par l'Allemagne, l'Espagne et le Japon.

• Plus que jamais le monde a besoin de nouveaux entrepreneurs, innovants et responsables. Mais comment oser entreprendre, quand des cadres du monde entier voient leurs moyens s'éroder et se demandent comment tenir les responsabilités qui sont les leurs ?

• Nous pouvons toujours agir, ne serait-ce qu'en commençant par confesser notre impuissance, ou notre envie d'autre chose.

1

Comment naissent les cercles vicieux ?

*« Il est bon d'apprendre à être sage
à l'école de la douleur. »*
Eschyle

*« La sagesse donne au sage plus de force
que dix chefs de guerre réunis. »*
Ecclésiaste, 7, 9

Merlin était occupé à lire quand un bruit le fit sursauter. Marin venait d'entrer, à cran.

– Une heure d'embouteillage pour venir jusqu'à toi ! Un carrefour bloqué à moins d'un kilomètre… et pas le moindre accident, mais quelle pagaille ! Au moins j'ai eu le temps de réfléchir. Je ne peux pas, Merlin.

– Tu ne peux pas quoi ?

– Avouer à Marko que je ne suis pas capable d'assurer ce job, ou lui annoncer que je le refuse. Je crains d'être viré.

– C'est légitime. Mais peut-être ton patron n'a-t-il tout simplement pas conscience de l'étendue des difficultés que traverse cette entreprise ? Je ne te demande pas de me croire sur parole : je vais te prouver tout cela. Prends un siège.

Merlin décroisa les jambes et pointa un doigt vers la table.

– Tout part de là : que sait Marko de cette entreprise ?

– Certainement pas tout. Il était content que je lui propose un audit.

– Tu vois ! triompha Merlin. Notre monde est si complexe et les décideurs ont des responsabilités tellement larges qu'il leur est difficile d'appréhender en profondeur une situation. Pas étonnant que Marko t'ait demandé une petite étude. Comme Marko, les décideurs n'ont en général pas le temps de collecter assez en amont toute l'information qui permettrait de réduire la complexité des phases ultérieures. Ils n'ont pas toujours dans leur organisation les ressources compétentes pour ce travail. Et quand bien même ils trouveraient les personnes-clés, celles-ci auraient du mal à se procurer toute l'information transversale nécessaire à l'élucidation du problème… Nous restons prisonniers du point de vue de nos organisations d'appartenance, quand la complexité des problèmes, elle, traverse toute l'entreprise. C'est bien simple : les responsables, quel que soit leur niveau hiérarchique, ne perçoivent qu'une partie de la complexité du réel et leurs décisions sont très imparfaites.

– Mais enfin, Merlin, le manager est un agent économique raisonnable ! Son travail n'est-il pas de s'informer, d'analyser la situation, puis de décider ?

– Non, ce n'est pas si simple, Marin. Le modèle « S'informer/Analyser/Décider » n'est pas un bon modèle.

– Que veux-tu dire ?

– Partons des analyses de Herbert A. Simon, un scientifique américain qui a obtenu le prix Nobel d'économie en 1978. Simon prend appui sur la psychologie cognitive pour constater[1] que tous les acteurs de l'entreprise ont des capacités de calcul limitées qui rendent illusoire la détermination de l'action « optimale ». Parce qu'il est impossible de dénombrer toutes les actions possibles, de prévoir toutes les conséquences de ces actions et de comparer simplement tous ces scénarios. Bref, au final, Simon affirme que les agents ne peuvent exercer qu'une rationalité qu'il qualifie de « limitée ».

– Serait-ce cette rationalité limitée qui fait que, souvent, nos décisions ne donnent pas les résultats escomptés ?

---

1. Herbert A. Simon (1979) *in* Benjamin Coriat et Olivier Weinstein, *Les Nouvelles Théories de l'entreprise*, Paris, Librairie Générale Française, coll. Le Livre de Poche, 1995.

– En appliquant le modèle « S'informer/Analyser/Décider », on obtient certes des résultats nécessairement imparfaits. Mais cela va au-delà. Ce modèle ne suffit pas à rendre compte de la façon dont les choses se passent réellement. Andreu Solé, professeur de l'École des Hautes Études Commerciales de Paris, fait d'ailleurs remarquer que si les choses se passaient vraiment selon la séquence « S'informer/Analyser/Décider », deux managers de compétence comparable devraient peu ou prou arriver aux mêmes décisions[1]. La fonction primerait sur la personne. Ce serait le « fauteuil » qui déciderait ! Or un changement de dirigeant à la tête de l'entreprise entraîne toujours ou presque un changement de stratégie. Bref, ce n'est pas l'entreprise qui décide, mais bel et bien le patron qui tranche.

– Mais comment tranche le patron ? Tant d'entreprises autrefois florissantes se sont un jour brutalement retrouvées face à des difficultés ! Comment se fait-il qu'on ne voit rien venir ?

– Laisse-moi te donner un exemple.

Pearl Harbour… pourquoi n'a-t-on rien vu venir ?

Le cas de l'officier de veille américain

Le 7 décembre 1941 au matin, les radars d'Oahu détectent une masse d'avions à 200 kilomètres de Pearl Harbour. Pourtant l'alerte n'est pas donnée. L'officier de veille américain et ses supérieurs ont beau avoir l'information sous les yeux, pile sur les écrans radar, ils ne déclencheront pas l'alerte ! Personne dans l'armée américaine ne pensera à une attaque aérienne japonaise sur Pearl Harbour…

– Pourquoi, même quand on a l'information sous le nez, ne voit-on rien venir, Merlin ?

– Andreu Solé défend l'idée que ce n'est ni l'information, ni l'analyse qui fonde les décisions, mais autre chose.

---

1. Andreu Solé, Comment les dirigeants décident-ils ?, *Les Echos, L'Art du Management*, 21 octobre 2004.

– De quoi s'agit-il ?

– De l'imagination ! En décembre 1941, le Japon n'a pas déclaré la guerre. L'officier de veille américain n'imagine donc pas qu'il puisse s'agir d'une attaque aérienne japonaise. Prenons pour deuxième exemple le 11 septembre 2001, les attentats du World Trade Center. Il est très vite apparu que les services de renseignement américains possédaient des informations qui auraient dû les alerter. Dans ce cas également, on a l'information, mais on ne voit rien venir… Pourquoi ? Parce que personne dans les services de renseignement américains n'imagine que des attentats aussi énormes puissent avoir lieu. On n'imagine pas que c'est possible, donc on ne voit rien venir.

– Mais qu'est-ce qu'imaginer, Merlin ?

– Andreu Solé répond, en substance, qu'imaginer, c'est se créer des « possibles/impossibles ». Nous les créons, comme nous respirons, sans toujours nous en rendre compte. Pour telle personne, il est possible que le marché décolle, mais impossible que tel concurrent s'implante en Chine. Un autre décideur verrait les choses différemment et agirait différemment. Pour Andreu Solé, qu'ils soient conscients ou pas, nos possibles et nos impossibles fondent nos décisions.

– Comment créons-nous ces possibles/impossibles, Merlin ?

– Pour mieux percevoir la finesse de ce qui se joue, je te propose de repenser à ton embouteillage de ce matin…

Une solution pour en finir avec les embouteillages

– Tu te moques de moi ?

– Pas du tout. Il y avait devant toi un carrefour bloqué, n'est-ce pas ?

– Oui.

– Des voitures immobilisées se pressaient déjà au croisement, tandis que tu attendais au volant, coincé dans l'une des rues ?

– Oui, mais…

– Patience. Le feu est au rouge, la file indienne dans laquelle tu es inséré avance très lentement. Enfin, le feu passe au vert. Les voitures repartent. Pas de chance, le feu repasse au rouge devant toi ! Est-ce ainsi que les choses se sont passées ?

– Oui.

– Qu'as-tu fait alors ?

– Je ne comprends pas.

– Le feu passe au rouge pile devant toi. Qu'as-tu fait ?

– Je peste, mais je m'arrête. Au prochain coup, ce sera à moi.

– Bien. Le feu repasse au vert. Que fais-tu ?

– Je démarre et traverse aussitôt.

– Ou plutôt, tu démarres et tu t'engages dans le croisement ! Car, souviens-toi, des voitures bloquent toujours le carrefour… Que se passe-t-il ensuite ?

– Je reste coincé au milieu du carrefour.

– Pas seulement : des voitures essayent de se dégager, d'autres décrochent brutalement devant toi…

– Pour s'arrêter deux mètres plus loin. Des gens se mettent à klaxonner. Tout le monde s'énerve et l'embouteillage empire.

– Pourquoi t'es-tu donc engagé dans le carrefour ?

– Je ne comprends pas la question.

– Lorsque le feu est passé au vert, pourquoi t'es-tu engagé dans le carrefour alors qu'il était prévisible que cette action contribuait à resserrer encore l'embouteillage ?

– Mais… C'était à moi. Le feu venait de passer au vert !

– Certes. Mais pourquoi te retrouver bloqué dans une situation pire encore que celle du carrefour avant que tu ne démarres ? Pourquoi ne pas préférer passer ton tour, afin de donner le temps aux véhicules immobilisés au milieu de l'intersection de se dégager ?

Conseil

Quand tout le monde s'engouffre dans l'embouteillage, passez votre tour, et prenez le temps de chercher une meilleure solution.

— Cette solution eût été plus rationnelle, n'est-ce pas ?

— Pour l'ensemble de la collectivité, certainement. En agissant ainsi le temps nécessaire, tu aurais permis à l'ensemble des flots de voitures bloqués dans les deux rues de s'écouler plus rapidement. Un tel comportement n'a d'ailleurs rien d'utopique. Je me souviens avoir abordé un carrefour en Californie, dont les feux ne fonctionnaient pas. Les conducteurs veillaient à ne s'engager qu'à tour de rôle pour ne pas bloquer le carrefour.

— Nous serions donc, d'une manière ou d'une autre, conditionnés à ignorer des solutions plus rationnelles en attendant l'apparition de nouvelles normes, plus efficaces.

— Oui. Mais pourquoi un comportement « chaotique » perdure-t-il avant que n'apparaisse une meilleure solution ? Quel est le mécanisme qui pousse les conducteurs à s'engager alors que le carrefour est déjà bloqué ?

— L'ignorance de l'existence d'une meilleure solution, je présume. L'émotion qui monte aussi. On finit par ne plus réfléchir. Quand on juge que c'est son tour, l'énervement est tel qu'on réagit en se jetant dans la mêlée. Et puis, si jamais par miracle on arrive à garder son calme, on anticipe que l'on sera le seul à se comporter rationnellement et que, ce faisant, on sera perdant. Donc on suit les autres !

— Merveilleuse analyse, Marin. Tout y est.

— Explique-moi.

Attention aux icebergs !

— IJR : Ignorer/Juger/Réagir ! Tu l'as toi-même dit, les conducteurs dans l'embouteillage *ignorent* l'existence d'une meilleure solution, *jugent* que c'est leur tour et *réagissent*, au feu vert, en s'engouffrant dans le chaos. Bernard Montaud, écrivain et psychanalyste corporel français, affirme que nos comportements sont très souvent structurés par une relation qu'il appelle « Ignorer/Juger/Réagir »[1]. Mais nous n'en sommes généralement

---

1. Bernard Montaud et alii, *La Psychologie nucléaire, un accompagnement du vivant*, La Baume Cornillane : éditions Editas, 2001.

pas conscients. Notre rationalité limitée nous masque ce que nous ignorons. Nos émotions, nos habitudes, ou la pression de l'environnement, transforment à notre insu nos décisions en réactions. Appliqué au management, cela signifie que nous croyons en toute bonne foi nous informer, analyser et décider. Mais SAD (S'informer/Analyser/Décider) n'est pas notre seule modalité de fonctionnement. Sous la montagne de notre rationalité, se cache l'iceberg de notre rationalité limitée.

Iceberg IJR : alors que nous croyons notre comportement rationnel (nous pensons nous informer, analyser et décider « objectivement »), nos comportements sont souvent mus par des schémas répétitifs inconscients. En réalité, nous ignorons, jugeons et réagissons. Nous ignorons les causes profondes et systémiques des situations business complexes, ainsi que les conséquences réelles des solutions que nous envisageons. Nous jugeons *a priori* que certaines solutions sont meilleures. Et nous réagissons sur la base de décisions limitées par ces préjugés.

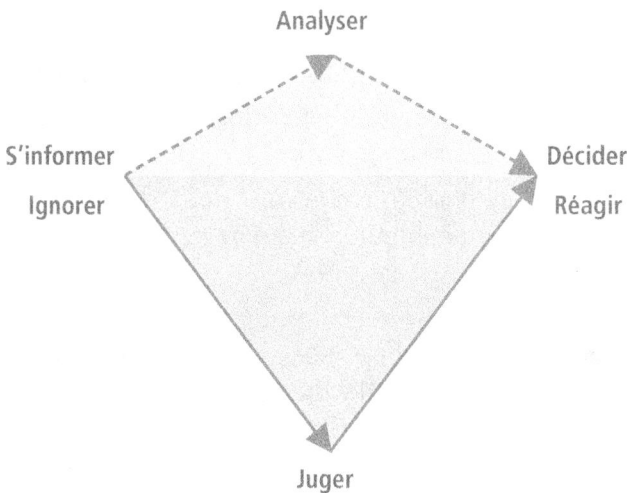

Analyser

S'informer   Décider
Ignorer   Réagir

Juger

Copyright G4 2007

Figure 1 – Iceberg IJR

— Une dose de SAD, une dose d'IJR. Curieuse chose que ce jugement, qui nous fait estimer que c'est notre tour, mais nous

pousse à ignorer notre part de responsabilité dans le resserre-
ment de l'embouteillage. Ne serait-ce pas ce même mécanisme
du jugement qui présiderait à la création des « possibles/
impossibles » d'Andreu Solé ?

— Oui. Je juge que c'est possible, je juge que c'est impossible. Le
jugement façonne ma boîte noire : « Ceux-là se conduisent
comme des fauves ! Maintenant c'est mon tour ! »

— Quelles sont les conséquences de « Ignorer/Juger/Réagir » ?

— Le jugement nous pousse à réagir en rétrécissant très rapidement le champ des « possibles/impossibles » que nous envisageons. « Que je sois coresponsable de l'embouteillage en
passant au vert ? Vous plaisantez ! » Quel gâchis… Car, si l'on
s'attardait une seconde sur le fait que, quand on passe au vert
dans un carrefour bloqué, l'embouteillage empire, il ne faudrait
que quelques secondes pour découvrir la solution des conducteurs californiens…

— À savoir ?

— Ne jamais s'engager dans un carrefour bloqué. Pour cela,
attendre son tour. Pour connaître son tour, repérer son ordre
d'arrivée au carrefour. C'est très facile quand la circulation
s'écoule librement et qu'il n'y a que 4 voitures sur chacune des
4 voies d'accès au carrefour.

— En somme, c'est le jugement qui nous empêche de découvrir
des solutions plus intelligentes. Par le jugement, on continue à
ignorer ce qu'on ignorait déjà.

— Oui. Si cette hypothèse était juste, non seulement les agents de
l'entreprise auraient une rationalité limitée comme l'avait déjà
vu Herbert Simon, mais le champ limité de leur rationalité serait
en outre bridé par un mécanisme de jugement qui viendrait
restreindre l'étendue de leurs « possibles/impossibles » et
contraindre leurs réactions.

— Cela paraît séduisant, mais quel est le rapport avec le sujet de
ce livre ? Serait-ce à cause d'« Ignorer/Juger/Réagir » qu'il est si
difficile d'innover dans l'entreprise ?

— Oui. IJR empêche de concevoir de meilleures solutions, mais
aussi de les appliquer.

– Décidément, tu m'intrigues de plus en plus.

– Revenons à l'expérience concrète. Imagine qu'à force de réflexion tu sois arrivé au constat que le seul respect des feux tricolores (rouge je m'arrête, vert je passe) ne suffit pas pour résorber les embouteillages. Tu as, le premier, conçu qu'il serait plus efficace de respecter également une deuxième règle : ne s'engager dans un carrefour que si celui-ci est *préalablement dégagé*. Comment vas-tu concrètement mettre en œuvre ta solution ?

– En donnant l'exemple ! Il suffit de commencer soi-même par s'arrêter... Oups !

– Oui, oups. Et même deux fois oups ! Car si tu t'arrêtes au feu vert pour attendre patiemment que le trafic s'écoule, que va-t-il se passer ?

– Je vois d'ici la scène. « S'arrêter au feu vert ? Ce type est fou ! » J'entends déjà les klaxons furieux des gens qui vont déboîter de tous côtés pour me passer devant...

– Oui. L'embouteillage dans le carrefour empirera comme précédemment, avec cette différence que tu auras toi-même perdu quelques places dans le chaos ambiant.

– Pourquoi est-il si difficile de faire appliquer de meilleures solutions ?

– À cause des réactions IJR des autres. Mets-toi à leur place : cela fait une heure qu'ils font la queue et tu t'arrêtes au feu vert ! Tu ne peux tout de même pas leur demander de comprendre que tu ne cherches qu'à donner l'exemple d'une solution collectivement plus efficace. Quoi de plus normal qu'ils jugent que c'est enfin leur tour ?

– C'est rageant ! IJR empêche de concevoir de meilleures solutions. Et, si je les conçois, IJR empêche de les voir appliquées. Je peux tout de même difficilement descendre de voiture, les bras levés, pour expliquer : « Stop ! Confiance, si je viens de piler au feu vert, c'est que le problème des embouteillages est enfin résolu ! »

– Dans le feu de l'action, certes, tu ne le peux pas. Mais pourquoi pas, une fois que tu es rentré chez toi, réfléchir à ce qui s'est passé et tenter de l'expliquer ?

– « Ignorer/Juger/Réagir » serait donc un modèle permettant simultanément de comprendre pourquoi il est si difficile de concevoir une « meilleure solution » et de la mettre en œuvre ?

– Oui.

– Je pressens qu'une entreprise ne peut maximiser la satisfaction des individus qui la composent et sa performance économique que pour un niveau d'IJR donné.

– Oui, Marin. Voici encore une excellente remarque…

– Eh bien, comme ça, au moins, si un jour je deviens consultant en résorption d'embouteillages, je n'aurai pas perdu mon temps au feu rouge !

– Mais tu n'en es pas encore là, mon cher Marin. Il te faut d'abord décider si tu veux accepter la présidence que te propose Marko.

Résumé

• Du fait de notre rationalité limitée, une approche classique de la décision, du type « S'informer/Analyser/Décider », conduit à des résultats nécessairement imparfaits.

• Mais en réalité, beaucoup de managers ne suivent pas une logique strictement rationnelle. Ils décident en fonction d'une « boîte noire » qui leur est personnelle et qui les conduit à définir à l'avance le champ de ce qui est « possible/impossible ».

• Ce faisant, la méthode que nous employons ressemble plutôt à « Ignorer/Juger/Réagir » :

– nous ignorons les causes profondes, notamment systémiques, de certaines situations, ainsi que les conséquences réelles des solutions que nous entrevoyons ;

– nous jugeons spontanément que certaines solutions sont *a priori* possibles et d'autres non ;

- – nous réagissons alors par des décisions partiellement inappropriées quant au fond du problème.
- Ce mécanisme « Ignorer/Juger/Réagir » empêche de *concevoir* des solutions plus efficaces. La phase de jugement en est largement responsable, qui vient limiter une étude en profondeur de la situation.
- Ce mécanisme empêche également de *mettre en œuvre* des solutions plus efficaces. La phase de réaction en est largement responsable, qui vient limiter notre capacité à tester une nouvelle solution à contre-courant.
- Au final, « Ignorer/Juger/Réagir » enferme les organisations dans des cercles vicieux qu'elles ne voient pas. Ces derniers tendent à les entretenir dans :
  - – la non-conception de solutions plus innovantes ;
  - – l'impossibilité à mettre en œuvre celles entrevues.

2

Pourquoi restons-nous prisonniers de cercles vicieux ?

« Tout comprendre, c'est tout pardonner. »
G. de Staël, *Corinne*

« La miséricorde (...) n'abolit pas la faute mais la rancune ;
non le souvenir mais la colère ; non le combat mais la haine.
Elle n'est pas encore l'amour mais ce qui en tient lieu quand
il est impossible, ou ce qui le prépare quand il serait prématuré. »
A. Comte Sponville,
Petit Traité des grandes vertus

Marin faisait les cent pas, mi-énervé, mi-souriant. Une nouvelle fois Merlin venait de percevoir son embarras.

– Je ne te sens toujours pas prêt à avouer à Marko que, pour une fois, tu n'as pas envie d'accepter cette nouvelle présidence…

– Dis-moi plutôt comment ne pas me fracasser sur ton maudit iceberg ! rétorqua Marin avec humeur.

– D'accord, ce n'est pas un mauvais point de départ. D'abord, loin d'être maudit, cet iceberg est une vraie chance pour les organisations…

– Tu plaisantes ! J'ai compris que IJR est un calvaire pour ceux qui essaient de concevoir et de mettre en œuvre de nouvelles solutions.

– Non. IJR n'est que l'envers d'une médaille dont l'endroit s'appelle SAD (« S'informer/Analyser/Décider »). Puisque nous sommes, du fait de notre rationalité limitée, condamnés à ignorer une partie du problème et des conséquences, il n'est pas possible de s'informer, d'analyser et de décider sans simultanément ignorer, juger et réagir. Donc SAD implique IJR et IJR est nécessaire. Et cette nécessité est une chance, parce que IJR facilite SAD.

– Explique-moi.

– IJR facilite SAD car il est nécessaire, à un moment donné, d'arrêter les analyses par un jugement pour passer à l'acte. Sinon, on passerait sa vie à peser le pour et le contre sans avancer. SAD et IJR vont donc main dans la main et c'est une grande chance.

– Tu n'y vas pas un peu fort ?

– Non. SAD et IJR permettent, de concert, la prise de décision. Donc la résolution de problèmes. Et donc l'adaptation à court terme.

– Mais l'adaptation à court terme n'est quand même pas tout !

– Certes non. Herbert Simon, toujours lui, a beaucoup réfléchi à ces questions en collaboration avec James March, qui a ensuite enseigné à Stanford. Tous deux ont écrit un livre dans lequel ils distinguent l'adaptation à court terme, ou résolution de problèmes, et l'adaptation à long terme, ou apprentissage[1].

– IJR limiterait donc, à long terme, nos capacités d'apprentissage ?

– Tu vas beaucoup trop vite, mon cher et impétueux ami. Qu'il suffise de dire à ce stade que IJR est une chance pour les organisations, car IJR permet SAD et SAD permet l'adaptation à court terme.

– C'est bien joli, mais cela ne me dit toujours pas comment ne pas me fracasser sur cet iceberg providentiel !

– Je te donne une première clé pratique : efforce-toi de ne jamais *juger* les protagonistes du monde des affaires que tu rencontres.

– Tu plaisantes ! Il y a, dans les entreprises, des personnes et des situations tout à fait insupportables !

– Quand par exemple ?

---

1. Herbert A. Simon et James G. March, *Les Organisations*, *in* Thierry Weil, *Invitation à la lecture de James March*, Paris, Les Presses de l'École des Mines, 2000.

– Lors des restructurations. Tiens, voici l'histoire d'un gâchis véridique…

Pourquoi s'acharner à fermer des comptes clients rentables ?

Le cas d'un grand groupe de services international

E. est une multinationale de services. Un jour, Pierre, le patron de la filiale locale, reçut la consigne de fermer des dizaines de comptes clients considérés comme non rentables. L'ordre s'appuyait sur les analyses produites par les services financiers du siège avec l'aide d'un cabinet de conseil en organisation réputé.

Pierre fut sidéré en recevant les chiffres du siège ! Fermer ces comptes signifiait perdre plus des deux tiers de son chiffre d'affaires, et licencier des commerciaux que, hier encore, il félicitait pour avoir signé tous ces contrats ! Avant de prendre une décision aussi importante, il voulut donc vérifier par lui-même les calculs.

Il constata, à sa grande surprise, que 90 % des comptes qu'on lui demandait de fermer étaient rentables… Mais il eut beau argumenter et tempêter, il ne put convaincre personne dans l'entreprise.

Pourquoi des dizaines de comptes clients rentables furent-ils fermés ?

– Sur quelle base les clients avaient-ils été jugés non rentables ?
– On avait calculé des revenus prévisionnels par client, puis alloué à chacun d'eux une part des coûts. Les analyses étaient passablement complexes… Pierre, pour les comprendre, avait dû se replonger dans des histoires de finance qu'il avait étudiées d'assez loin pendant son MBA[1].
– Qu'a-t-il fait ensuite ?

---

1. *Master in Business Administration.*

- Il est allé trouver le responsable du département finance d'une grande « business school », qui confirma son analyse. Tout le monde s'était trompé : moins de 10 % des clients étaient réellement non rentables !

- Cas typique d'une approche « S'informer/Analyser/Décider » qui touche ses limites. Il est naturel que des cadres, sur des problèmes pointus qui dépassent leurs compétences, parviennent en toute bonne foi à des résultats techniquement erronés.

- Je te trouve bien indulgent !

- Il s'agit seulement du constat que la situation est fréquente. Quoi de plus normal que de parvenir, du fait de notre rationalité limitée, à des résultats imparfaits ? J'appelle cela une distance cognitive.

- Qu'est-ce qu'une distance cognitive, Merlin ?

Distance cognitive[1] : il s'agit de l'écart entre le comportement que l'on adopte et le comportement qui aurait mieux servi nos objectifs, mais que les limites de notre information, de nos connaissances et de notre rationalité nous ont empêché d'adopter.

- Peux-tu me donner un exemple ?

- C'est facile : tu n'as pas la bonne information et tu prends la mauvaise décision. Tu vois que les entreprises sont donc nécessairement pleines de distances cognitives. Que fit Pierre ensuite ?

- Il s'empressa d'écrire à la direction financière : en fermant les comptes, on allait détériorer les résultats financiers et licencier pour rien. Ce qui léserait les actionnaires comme les salariés. Les calculs devaient donc être révisés très rapidement. Mais que se passa-t-il ensuite ? Je te le donne en mille...

- Pierre n'obtint aucune réponse.

- Décidément, tu es vexant aujourd'hui ! Oui, la première pensée de Pierre fut que ses interlocuteurs n'avaient peut-être pas les compétences pour voir l'erreur. Mais comme Pierre continuait pourtant de recevoir des exhortations du siège à fermer ces comptes, il décida de s'adresser directement au grand patron.

---

1. Copyright G4 2007.

Qui le reçut fort agréablement. Ce dernier le connaissait de longue date et avait pu apprécier ses qualités professionnelles.

– Lui donna-t-il raison ?

– Oui, d'entrée de jeu. « Je vous connais assez pour savoir qu'il est tout à fait possible que vous ayez raison, lui dit-il en substance. Mais réfléchissez à la situation… Et utilisez plutôt votre talent à autre chose ! »

– Pierre a dû en rester bouche bée.

– Il essaya de protester, d'expliquer… Puis il comprit que le coup était déjà joué. C'était trop tard.

– Trop tard ?

– Dans de nombreuses filiales du groupe, le processus de fermeture des comptes était déjà largement entamé. Les contrats avaient été renégociés et les coûts réduits. Impossible de faire machine arrière pour rattraper les commerciaux et les clients.

– L'argument me paraît un peu court.

– Pierre comprit aussi qu'annoncer l'erreur publiquement eût été non seulement inutile, mais risqué. Comment aurait réagi le personnel ? Et les actionnaires ? On aurait réclamé des coupables… Mais qui était réellement responsable ? Les comptables, les consultants, le directeur financier, les responsables des filiales, voire le président lui-même ? Avec le temps, le problème était devenu collectif…

– Bel exemple de distance relationnelle !

– Distance relationnelle ?

Distance relationnelle[1] : il s'agit de l'écart entre le comportement que l'on adopte et le comportement qui aurait mieux servi nos objectifs, mais que des jeux de pouvoir, et des conditionnements culturels et psychologiques nous ont empêché d'adopter.

– Peux-tu me donner un exemple ?

– Ce type ne me revient pas, donc je ne lui donne pas toute l'info. Ici encore, les organisations regorgent d'exemples de distances relationnelles…

---

1. Copyright G4 2007.

– Mais en quoi les jeux des acteurs freinent-ils le déploiement de comportements qui serviraient mieux leurs objectifs ?

– Reprends l'exemple de Pierre. Une solution plus efficace, économiquement et socialement, ne serait-elle pas de réviser les calculs et d'arrêter ce qu'on peut encore arrêter ? Ce qui nécessiterait de reconnaître une erreur… Mais cela, le jeu des acteurs l'interdit : ceux qui pourraient faire amende honorable craignent la réaction des autres. C'est compréhensible : personne ne sait comment vont réagir les actionnaires et les syndicats si l'erreur venait à être connue.

– Nous *ignorons* l'impact de l'annonce de l'erreur sur l'évolution du jeu des acteurs. Nous ne pouvons que *juger* : est-il utile ou nécessaire de prendre ce risque ? Puis nous *réagissons,* dans ce cas en maintenant inchangées les décisions antérieures…

Montagnes russes en vue…

Merlin souriait au progrès de son élève.

– J'ai deviné. Du fait d'IJR, SAD conduit à des résultats imparfaits et produit des distances cognitives. Du fait d'IJR encore, les distances cognitives peuvent conduire à des distances relationnelles !

– Bravo pour ta sagacité, Marin. Je te propose de résumer ces trouvailles à l'aide du schéma suivant :

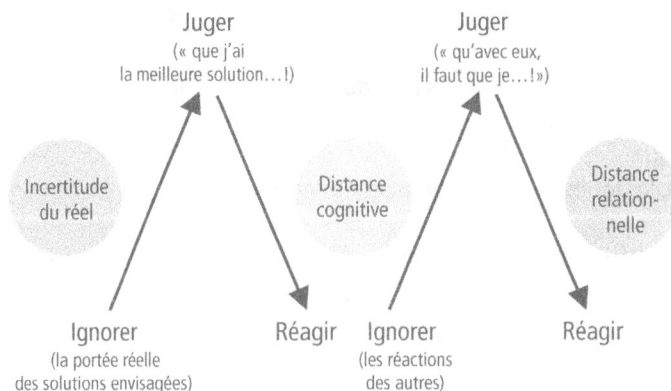

Figure 2 – Montagnes russes

– Avec ces bosses et ces creux, ce croquis évoque la forme de montagnes russes. Comme si, dans les organisations, les managers étaient ballottés en tous sens par les bosses et les creux des distances cognitives et relationnelles.

– Pas la peine de me faire un dessin ! C'est limpide… Tout part de l'incertitude du réel. Quoi de plus complexe que notre monde ? C'est la première fois, dans l'histoire de l'humanité, où le rythme du progrès technologique est à ce point supérieur au rythme du renouvellement des générations.

– Oui, l'incertitude est particulièrement grande aujourd'hui. Pour autant, elle est de toutes les époques, de toutes les sociétés, consubstantielle aux actions des hommes. Comme l'écrivent Michel Crozier et Erhard Friedberg : « *Aussi loin que l'on pousse l'analyse « rationnelle » de sa structure (…), tout problème matériel comporte toujours une part appréciable d'incertitude, c'est-à-dire d'indétermination quant aux modalités concrètes de sa solution.* »

– Pas facile, dans notre exemple, de prévoir la rentabilité future des clients !

– Puis nous faisons de notre mieux avec nos compétences techniques limitées… Les comptables travaillent d'arrache-pied, mais leurs calculs ont une portée limitée.

– Le problème n'est pas de se tromper, mais de juger détenir *la* solution. Les comptables sont tellement convaincus d'avoir raison qu'ils vont en persuader tout le monde. La réaction est immédiate : on démarre un plan social.

– Mais un cadre refait les calculs et constate qu'on est en train de simultanément dégrader la paix sociale et les résultats financiers. Stop, la distance cognitive est visible, le feu vient de virer à l'orange. À l'orange seulement, car l'erreur est involontaire et peut être corrigée.

– Avec le temps pourtant, les choses se corsent. Chacun est engagé par ses prises de positions précédentes. Comment vont réagir les autres à l'annonce du problème et de la solution ? Est-ce bien utile ? Est-ce bien nécessaire ? Comme l'écrivent Crozier et Friedberg, ce qui est incertitude du point de vue des problèmes est pouvoir du point de vue des acteurs. « *Le pouvoir*

(...) n'est au fond rien d'autre que le résultat toujours contin-gent de la mobilisation par les acteurs des sources d'incertitudes pertinentes qu'ils contrôlent. »[1]

– La réaction tombe : *statu quo*. Le problème est tranché pour un moment. Un écart s'est créé entre la solution rationnelle et celle qui a été adoptée sous la pression du jeu des acteurs.

– Ce faisant, une distance relationnelle est en place. Feu rouge.

– Quelle verve, mon cher Marin, et quel plaisir de te voir habiller IJR de si belles couleurs ! Tu comprends donc que IJR engendre les distances cognitives, puis les distances relationnelles.

– Qu'est-ce qui, sur le fond, distingue ces deux types de distances, Merlin ?

– La nature de l'ignorance, du jugement et de la réaction. Le tableau ci-dessous t'en propose un petit résumé.

Tableau 1
Distinctions entre distances cognitives et relationnelles

	Distances cognitives	**Distances relationnelles**
Nature de l'ignorance	– éventail exhaustif des solutions concevables – conséquences réelles de chaque solution – manière de synthétiser et comparer des solutions multiformes	– inventaire complet des personnes impactées – réactions futures de chaque personne – manière de synthétiser et d'arbitrer entre des positions divergentes
Nature du jugement	– « Je tiens la meilleure solution, il faut que je m'y accroche ! »	– « Avec ce genre de personnes, le mieux c'est que je... »
Nature de la réaction	– production d'un écart entre le comportement adopté et celui qui aurait produit des résultats plus efficaces si la rationalité des acteurs avait été moins limitée	– production d'un écart entre le comportement adopté et celui qui aurait produit des résultats plus efficaces si le jeu des acteurs l'avait permis

---

1. Michel Crozier et Erhard Friedberg, *L'Acteur et le Système*, Seuil, 1977.

- Quel gâchis tout de même que ces distances cognitives et relationnelles !
- Non. Comme nous l'avons vu pour IJR, les distances cognitives et relationnelles sont une opportunité et une chance pour les organisations.
- Tu plaisantes ?
- C'est donc que quelque chose a pu t'échapper. Si tu veux bien, revenons-y.

Recherche coupable désespérément

- Dans le cas du plan de restructuration précédent, qui est à l'origine, selon toi, de la distance cognitive ?
- Le directeur financier ! C'est lui le coupable. J'ai quand même le droit de le juger !
- Tu en as le droit, mais je te le déconseille.
- Pourquoi ?
- Parce que ce serait injuste. Et inefficace.
- Je ne comprends pas.
- As-tu examiné la question du point de vue du directeur financier ?
- Il aurait dû détecter l'erreur !
- Qui a fait les calculs ?
- Des comptables de son équipe, en liaison avec les consultants d'un grand cabinet.
- Il avait donc pris la peine d'entourer ses subordonnés d'experts compétents. Pourquoi se serait-il, de surcroît, senti obligé de vérifier le détail de comptes bouclés par une armada ?
- Voyons, Merlin, un directeur financier doit garantir la sincérité de ses comptes !
- Rien ne te permet de juger qu'il était incompétent. Peut-être le temps de vérifier les calculs faits par d'autres lui a-t-il simplement manqué ?

- Je vois. Cette confiance dans ses équipes et ses consultants, qui lui a interdit de recommencer leur travail, pourrait bien être son seul tort.

- Sur le fond, les distances cognitives ne sont pas nécessairement engendrées par des acteurs incompétents. En revanche, la complexité de la réalité en engendre nécessairement. Et on ne peut pas reprocher à tout le monde de ne pas avoir fait Harvard[1] ou Polytechnique[2] !

Marin se tut une seconde.

- Oui, les distances cognitives sont inévitables, acquiesça-t-il. Même dans les organisations les plus performantes.

- Peut-être ces organisations ne sont-elles parmi les plus performantes que pour avoir réduit un plus grand nombre de distances cognitives ? Les repérer, aider les autres à les voir, puis à les accepter et à les corriger, est l'une des missions les plus nobles du manager. Le tableau suivant doit t'y aider. Je te propose de commencer par regarder le pavé de gauche.

IL EST SOUVENT IMPOSSIBLE DE …	… SURTOUT QUAND …
• s'informer de toutes les données nécessaires et contrôler leur fiabilité	• certaines données demeurent introuvables et/ou ont été retravaillées
• analyser et comparer toutes les solutions possibles, pour l'entreprise et pour soi-même	• certaines sont jugées d'emblée inadéquates
• se procurer le temps et les compétences qui seraient nécessaires	• autrui ne vous aide pas à les obtenir

Copyright G4 2007

Figure 3 – Légitimité des distances cognitives

- Disposer de toutes les données, tout analyser… Si nous avions des compétences techniques supérieures, nous adopterions des comportements plus rationnels et les distances cognitives se réduiraient.

---

1. Université américaine renommée, notamment dans le domaine de la gestion.
2. Grande école d'ingénieurs française.

– Sans doute.

– Le moyen de réduire les distances cognitives est donc de développer nos compétences techniques.

– Développer nos compétences techniques est *un moyen* nécessaire certes, mais pas forcément suffisant. À ton avis, quel est le sens du pavé de droite ?

– Je ne vois pas.

– Regarde mieux. Qu'est-ce que les trois points du pavé de droite ont en commun ?

– L'intervention d'un tiers ! Seule l'action d'un tiers peut faire que certaines données soient retravaillées, que des solutions soient jugées *a priori* impossibles ou que certaines ressources demeurent inaccessibles.

– Tu y es, sagace ami. L'action d'un tiers peut permettre, ou limiter, l'exercice de notre rationalité. Les distances relationnelles peuvent accroître les distances cognitives.

– Ce qui nous fait une transition pour parler des distances relationnelles.

– Oui. Elles sont compréhensibles. Reprenons l'exemple de Pierre concernant la fermeture des comptes-clés. Pourquoi l'erreur n'a-t-elle pas été corrigée d'emblée ?

– Sans doute parce que le coup était déjà parti. Un décideur aura jugé cela inutile et risqué.

– Vois-tu, il existe aux deux extrêmes du spectre, deux catégories un peu caricaturales de personnes. Les premières prennent le risque de mettre sur la table tous les éléments nécessaires au rétablissement de chaque petite erreur, tandis que les autres n'osent révéler que ce que leurs interlocuteurs acceptaient déjà d'entendre. À quelle catégorie appartient ce décideur ?

– Très certainement à aucune des deux. Les premières suscitent tant de haine que leurs réformes échouent et les secondes ne changent jamais rien à rien.

– Il est donc légitime, entre le tout et le rien, que dirigeants et salariés se préoccupent de chercher la juste mesure des faits qu'il convient de dévoiler pour susciter un changement positif. Dans cet exemple, où était la juste mesure d'après toi ?

– Je vois aux deux extrêmes du spectre – pour parler comme toi, cher Merlin – deux solutions un peu caricaturales. Annoncer l'erreur rapidement, d'une part, afin d'éviter des pertes et des licenciements supplémentaires. Quitte à prendre le risque d'une « explosion sociale » qui conduise à moyen terme à une aggravation de ces mêmes pertes et licenciements. Et retarder l'annonce, d'autre part, afin de maintenir dans l'immédiat la cohésion de l'entreprise et de ses actionnaires. Mais au risque à terme d'aggraver ces mêmes pertes et licenciements.

– Magnifique analyse, Marin. Une fois de plus, tout y est.

– Que faut-il en déduire ? Qu'il n'y a jamais de bonne solution ?

– Non. Seulement que tu ne connais pas assez le contexte pour juger de la bonne solution. En l'occurrence, la juste mesure n'appartenait qu'au décideur et il n'a peut-être pas eu tort. Comme le montre le tableau suivant, les distances relationnelles sont compréhensibles.

IL EST NATUREL DE ...	... SURTOUT QUAND ...
• ignorer sa part de responsabilité dans une situation complexe	• on ne connaît pas toutes les causes systémiques de la situation
• craindre la réaction d'autrui, pour l'entreprise et/ou pour soi-même, à l'annonce du problème et de la solution	• on ne connaît ni le nombre des personnes impactées, ni leurs positions
• réagir en adaptant la solution et sa communication	• on ne connaît pas de solution consensuelle

Copyright G4 2007

Figure 4 – Légitimité des distances relationnelles

– Je présage, cher Merlin, qu'il faut commencer par lire le pavé de gauche. On retrouve IJR. Il est humain d'essayer de juger de la réaction d'autrui à nos propres agissements. Il est humain de juger que certains actes nous exposeraient – ou exposeraient notre entreprise – à des risques trop élevés. Les distances relationnelles sont donc naturelles.

– Oui. Et que penses-tu du pavé de droite de la figure 4 ?

– Je pressens que les choses vont se corser. Notre tendance naturelle à la distance relationnelle peut être parfois renforcée par
des raisons qui tiennent à notre rationalité limitée. Quoi de plus
naturel que de juger qu'un tiers est responsable quand on n'a
pas les moyens d'analyser les causes systémiques d'une situation complexe ?

– Tu vois donc que les distances cognitives peuvent accroître les
distances relationnelles. Exactement de la même manière, nous
l'avons vu, que les distances relationnelles peuvent également
venir renforcer les distances cognitives.

– Mais tu es en train de me décrire un véritable cercle vicieux !

– À une nuance près, Marin, qui a toute son importance. Il n'est
besoin d'aucun vice pour installer ce cercle ! Rationalité limitée
et jeux des acteurs suffisent à s'auto-entretenir, selon un double
mécanisme qui fait que les jeux d'acteurs limitent l'exercice de
notre rationalité et que les limites de notre rationalité peuvent
venir alimenter les jeux d'acteurs.

Marin ferma les yeux. Tellement de souvenirs tourbillonnaient…
Des situations où des managers n'avaient pu se mettre d'accord sur
une solution mesurée. Pour le réformateur, tout se passait comme
si – après avoir posé un diagnostic et élaboré un compromis apparemment « raisonnable » – la mise en œuvre devait être systémati-
quement bloquée par des jeux de personnes. Il ne semblait plus,
dans les cas difficiles, y avoir de réforme possible sur le fond des
choses sans changement préalable des organisations. Le problème
venait de ce qu'aucun changement des organisations n'était
possible sans une négociation préalable sur la forme des négociations elles-mêmes, voire sans un changement des personnes.
Chacun posait ses conditions, tandis que le cœur économique,
social et écologique du système périclitait.

L'étourdissement commençait à gagner Marin.

– Non, Merlin, tout ne peut être aussi noir !

– Où vois-tu du noir, mon cher Marin ? Les distances cognitives
et relationnelles ne sont pas noires. C'est par elles que nous
exerçons notre libre arbitre et préservons nos marges de liberté.

Permets-moi de te citer encore une fois Crozier et Friedberg : *« L'homme n'exploite pas les sources d'incertitude à sa disposition parce qu'il serait « mauvais », ou parce qu'il serait corrompu par une société ou un système pervers. Ses relations aux autres sont toujours des relations de pouvoir dans la mesure même où il existe, c'est-à-dire demeure un acteur relativement autonome, au lieu d'être un simple moyen. Et il ne peut le rester qu'en utilisant son autonomie, c'est-à-dire sa capacité à marchander sa « bonne volonté », son comportement face aux autres. »*[1]

Conseil

Ne jugez jamais ! Les distances cognitives et relationnelles sont légitimes, nécessaires… et utiles.

Marin était un peu soulagé. Merlin enfonça le clou.

– Sans compter que les distances cognitives et relationnelles sont notre meilleure source d'apprentissage. Mais, si tu le veux bien, reposons-nous un peu. Nous aurons le temps de nous imprégner de cela plus tard.

Résumé

- Nous sommes largement inconscients d'Ignorer/Juger/Réagir. Nous croyons généralement en toute bonne foi que nos comportements obéissent à la séquence S'informer/Analyser/Décider.
- Mais SAD implique IJR. Notre rationalité limitée interdit de S'informer/Analyser/Décider, sans simultanément Ignorer/Juger/Réagir.

---

1. Michel Crozier et Erhard Friedberg, *op. cit.*

- IJR facilite SAD : le jugement permet d'arrêter les analyses et de passer à l'acte.

- SAD permet l'adaptation à court terme des organisations, mais produit des résultats nécessairement imparfaits. Et donc des distances cognitives.

- Une distance cognitive est un écart entre le comportement que l'on adopte et le comportement qui aurait mieux servi nos objectifs, mais que les limites de notre information, de nos connaissances et de notre rationalité nous ont empêché d'adopter. Elle provient d'IJR : nous ignorons l'ensemble de toutes les solutions possibles et le moyen de déterminer la meilleure. Nous devons pourtant à un moment juger que notre analyse est la bonne, avant de réagir à partir de cette conviction. Les distances cognitives sont par nature inévitables, puisque notre rationalité est limitée. Elles sont donc présentes dans toutes les organisations, y compris les plus performantes.

- Puisque nous agissons dans le cadre de jeux d'acteurs, la mise en œuvre produit également des distances relationnelles.

- Une distance relationnelle est un écart entre le comportement que l'on adopte et le comportement qui aurait mieux servi nos objectifs, mais que des jeux de pouvoir, des conditionnements culturels et des réflexes psychologiques nous ont empêché d'adopter… Elle provient également d'IJR : nous ignorons l'ensemble de toutes les personnes concernées et leurs réactions probables. Nous devons pourtant à un moment juger que « comme les autres sont…, ils risquent de… et il faut donc que je… ». Nous réagissons à partir de cette conviction. Les distances relationnelles sont compréhensibles, puisque les comportements humains sont largement imprévisibles. Elles sont présentes dans toutes les organisations, y compris les plus performantes.

- Les distances cognitives ont tendance à élargir les distances relationnelles. Et inversement, les distances relationnelles peuvent générer des distances cognitives.

- Distances cognitives et relationnelles s'auto-entretiennent alors en boucle, sans qu'aucun « vice » ne préside à l'établissement de ces cercles qui emprisonnent les acteurs dans des comportements en partie inconscients.

3

Comment les organisations deviennent-elles aveugles ?

*« On ne devient homme
qu'en se surpassant. »*
Aristote

– Bonjour Marin !

– Bonjour Merlin ! Tu m'as mis l'eau à la bouche hier soir, en me parlant d'apprentissage. Et j'ai vraiment envie d'en savoir plus sur la façon dont les organisations apprennent.

– C'est un très beau sujet. Je t'ai déjà donné un premier indice : les distances cognitives et relationnelles sont notre meilleure source d'apprentissage.

Conseil

Traquez les distances cognitives et relationnelles avec passion, comme la source précieuse de progrès encore insoupçonnés.

– Mais comment IJR peut-il nous aider à apprendre ? J'ai bien compris que le jugement facilite les décisions. IJR accélère SAD. Le décideur tranche, l'organisation s'adapte. Il est donc clair pour moi qu'IJR aide les organisations à s'adapter à court terme, mais que se passe-t-il à plus long terme ? Comment l'ignorance peut-elle devenir source de connaissance ?

– Tu te souviens que, par opposition à l'adaptation à court terme, Herbert Simon et James March appellent précisément appren-

tissage le processus d'adaptation à long terme des organisations[1].

– Entre adaptation à court terme et adaptation à long terme, quels
sont les rôles respectifs de SAD et d'IJR ?

– Ciel, que voilà une question savante ! Comment un petit enfant
apprend-il les bonnes manières, Marin ?

– Sa maman lui dit ce qu'il doit savoir.

L'enfant et le chocolat

– Voyons Marin ! Tu crois vraiment que ce qu'il apprend c'est ce
que lui a dit sa maman ? Pense à un enfant de cinq ans à qui sa
maman demande de saluer la vieille dame qui vient d'entrer
dans le salon avec une boîte de chocolats... Que va-t-il se
passer ?

– Totalement inconscient du besoin de bienséance sociale de sa
mère, l'enfant ressent immédiatement un furieux désir et
enfourne trois chocolats en quelques secondes.

– Très bien. Comment va réagir l'organisation familiale ?

– Tous les cas de figure sont possibles. Selon le schéma tradi-
tionnel, la mère demande à l'enfant de bien vouloir lâcher la
boîte pour saluer leur invitée. Mais comme l'enfant s'empare
d'un quatrième chocolat sans écouter, la mère se met à hurler
et l'enfant à pleurer.

– Excellent. Et quelle va être la réponse de l'environnement à
cette nouvelle situation ?

– La vieille dame s'empressera généralement d'excuser l'enfant
qui pleure à grosses larmes. Elle est même capable de lui
proposer un nouveau chocolat pour le consoler. Tout dépend
alors de la réaction de la mère.

– Explique.

– Trouvera-t-elle la force de repousser ce nouveau chocolat et
d'obtenir que l'enfant salue enfin la vieille dame ? Mais si jamais

---

1. Herbert A. Simon et James G. March, *Les Organisations, op. cit.*

la mère cédait, pour ne pas faire d'esclandre devant la dame, l'enfant aurait alors appris que non seulement il ne sert à rien de dire bonjour aux vieilles personnes, mais qu'en trépignant on peut même obtenir d'elles un cinquième chocolat.

– Bravo, Marin. Tu viens de décrire un magnifique cycle d'apprentissage organisationnel.

– À toi de m'expliquer, s'il te plaît.

– Un professeur de gestion américain renommé, James March, a formalisé l'apprentissage organisationnel comme un processus en quatre temps[1].

Cycle de l'apprentissage organisationnel : selon James March, les organisations apprennent au fil d'un processus à quatre temps. Premier temps : un individu devient conscient d'un besoin de l'organisation. Deuxième temps : cette personne prend une initiative pour changer les choses autour d'elle. Troisième temps : cette initiative provoque une action de l'organisation. Quatrième temps : l'environnement répond à l'action de l'organisation. L'apprentissage se produit quand l'organisation tire les leçons de la réaction de l'environnement.

– Donne-moi un exemple.

– Tout part d'un besoin organisationnel. Dans le cas de l'enfant et du chocolat, le besoin de la mère, c'est que son fils salue la vieille dame. Face à ce besoin, un acteur prend une initiative spécifique : le jeune garçon mange plusieurs chocolats. Devant cette initiative individuelle de l'un de ses membres, l'organisation délibère et pose une action organisationnelle : la mère se met à hurler. L'environnement va réagir à cette action par la réponse qu'il juge appropriée : la vieille dame offre un cinquième chocolat. La mère va décider d'intervenir ou pas. Tout l'apprentissage du jeune enfant va se jouer dans la manière dont il va décoder la réponse de l'environnement. Ce cycle peut être graphiquement représenté par la figure ci-après :

---

1. James G. March *in* Thierry Weil, *Invitation à la lecture de James March, op. cit.*

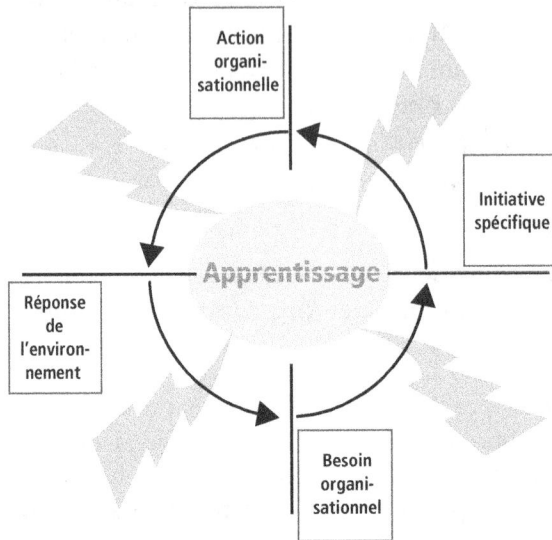

Copyright G4 2007

Figure 5 – Cycle de l'apprentissage organisationnel

– L'enfant apprendra peut-être de la réaction de son environnement que le plus sûr moyen d'obtenir cinq chocolats, c'est de pleurer dès l'entrée d'une vieille dame dans le salon ! Auquel cas, il est peu probable qu'il soit attentif au prochain besoin qu'exprimera sa mère. Son comportement risque de devenir hautement imprévisible. Mais si, en revanche, sa mère a réussi à obtenir de lui qu'il salue la vieille dame avant d'accepter le cinquième chocolat, il trouvera peut-être un intérêt tout à fait tangible à saluer les vieilles dames !

– Oui, Marin. D'une certaine façon, les organisations apprennent comme cet enfant. Non pas parce que quelqu'un leur a dit ce qu'elles devaient savoir pour être performantes, mais parce que face à un besoin collectif, l'un de leurs membres a pris une initiative, qui a débouché sur une action collective, qui a provoqué une réponse environnementale. Les organisations apprennent en interprétant les réactions de leur environnement.

– Pourquoi les organisations ont-elles tant de mal à apprendre ?

– Parce que, tout comme les individus, elles oublient le processus qui a mené à cette réaction de leur environnement et la part qu'elles-mêmes y ont jouée. Ni la mère, ni la vieille dame ne verront un lien entre le fait que la première s'est mise à hurler – ou que la seconde a offert un cinquième chocolat – et le fait que l'enfant ne salue plus les vieilles dames.

– Il est donc très important, pour vraiment apprendre d'une réaction déplaisante de notre environnement, de se souvenir précisément du processus qui a conduit à cette réaction, de repérer ses éventuels dysfonctionnements, ainsi que la part que nous-mêmes y avons jouée. Est-ce pour cela que, sur le schéma de la figure 5, tu as indiqué des flèches qui ressemblent à d'étranges distorsions du processus d'apprentissage ?

– Oui, Marin. J'appelle ces distorsions du processus d'apprentissage, des *cloisons de verre*. Elles peuvent être fines et transparentes, ou au contraire épaisses et opaques. De ce fait, elles vont accélérer ou ralentir le processus d'apprentissage.

– D'où viennent ces cloisons de verre, Merlin ?

– Essentiellement des distances cognitives et des distances relationnelles. Plus elles sont courtes, mieux l'organisation apprend. Cela est beaucoup plus facile à comprendre à partir d'un exemple réel. Il nous faudrait une entreprise confrontée à des mutations importantes de son environnement...

Vaincre l'insécurité sociale

Le cas de la RATP

La RATP, comme beaucoup d'organisations, doit faire face à la montée de comportements inciviques dans la société.

Elle transporte des voyageurs sur des lignes de métro, de bus et de tramway. Or le tramway, à lui seul, représente 10 à 20 % des recettes. C'est un secteur en croissance marquée (de 166 000 passagers en 2003 à 700 000 passagers estimés à l'horizon 2010). Le tramway est donc un enjeu important.

> L'une des lignes de tramway, la ligne T1, passe en Seine-Saint-Denis, département de la région parisienne où se produisent parfois des manifestations d'insécurité. En l'an 2000, sur le tram T1 le taux de fraude variait entre 20 et 35 %.
>
> Pourtant, moins de trois ans après, ce taux de fraude a été divisé par plus de deux ! Et la sécurité sur la ligne de tramway T1 s'est fortement améliorée… Comment la RATP s'y est-elle prise ?

– Comment la RATP envisageait-elle à l'origine la lutte contre l'insécurité ?

– L'analyse traditionnelle établissait l'existence de deux groupes de voyageurs. Les « bons » voyageurs, qui payent leur place, et les « mauvais » voyageurs, qui n'ont pas eu la chance de bénéficier de la même éducation et qui ont des comportements « par nature » inciviques. Il convenait donc de renforcer la taille des équipes qui patrouillent dans les voitures pour effectuer des contrôles et faire payer les « mauvais » voyageurs.

– Et comment agissait l'organisation en fonction de cette analyse ?

– La hiérarchie négociait habituellement avec les syndicats le renforcement des équipes. Le sujet de la sécurité du personnel est socialement hypersensible. Un consensus se dégageait pour monter des équipes d'une dizaine d'hommes chacune, organisées pour la chasse aux fraudeurs. La logique était essentiellement répressive.

– Et comment réagissait l'environnement ?

– La fraude et l'insécurité continuaient d'augmenter…

– Quelle leçon en tirait l'organisation ?

– Qu'il convenait de renforcer encore plus la logique répressive.

– La boucle est bouclée. Voici un nouveau cycle d'apprentissage. Toute la difficulté vient du fait que la leçon qu'on tire de la réaction de l'environnement ne résout en rien le problème. Quoi de plus normal ? La spirale de l'insécurité paraît sans fin. Passé un certain stade, personne ne sait plus que faire.

– Mais comment la RATP parvint-elle à casser cette spirale ? Dans des conditions aussi difficiles, une division par plus de deux du taux de fraude en moins de trois années paraît proprement incroyable !

La chasse aux cloisons de verre

– Pour le comprendre, souviens-toi, nous tenons une piste. Il doit y avoir quelque part, le long du processus d'apprentissage, quelques-unes de ces fameuses cloisons de verre qui peuvent aveugler l'organisation.

– Je devine où se trouve la première : au niveau de la compréhension du besoin. L'organisation pensait que son besoin était de faire la chasse aux voyageurs déviants, à ces fraudeurs représentant de l'ordre d'un tiers du total.

– Oui, tout à fait. Et pour s'en assurer, elle a demandé à Jacques de Plazaola, un chercheur doté d'une solide expérience de management, d'étudier le comportement réel des voyageurs. Ces travaux ont montré que la segmentation traditionnelle des passagers en deux groupes – les usagers « conformes » qui respectent la réglementation et les voyageurs « déviants » – était profondément erronée. En réalité, de nombreux voyageurs adoptaient un comportement opportuniste vis-à-vis du paiement. Ils avaient les moyens d'acheter un billet et étaient prêts à le faire. Pour autant leur comportement pouvait fluctuer selon les circonstances. L'une des grandes découvertes de l'étude fut de constater que la logique répressive de l'organisation poussait certains de ces voyageurs opportunistes à finir par monter sans payer. Ces passagers opportunistes avaient le sentiment de ne pas être récompensés pour leur comportement passé de payeurs vertueux. Aussi pouvaient-ils, eux aussi, un jour être amenés à frauder. Les chiffres étaient impressionnants : moins de 2 % des voyageurs avaient un comportement structurellement « déviant ». Une cloison de verre avait empêché l'organisation de percevoir son principal besoin : gérer les comportements opportunistes. La RATP ignorait alors le poids réel de chaque catégorie de voyageurs, jugeait qu'il n'en existait que deux et réagissait en se consacrant essentiellement à la chasse aux fraudeurs. IJR empêchait donc la conception d'une solution plus efficace. Nous sommes en présence d'une distance cognitive qui empêche de percevoir le besoin réel. Je la nomme : D_{besoin} (réel, perçu). Cette distance est la première du cycle précisé sur la figure ci-dessous.

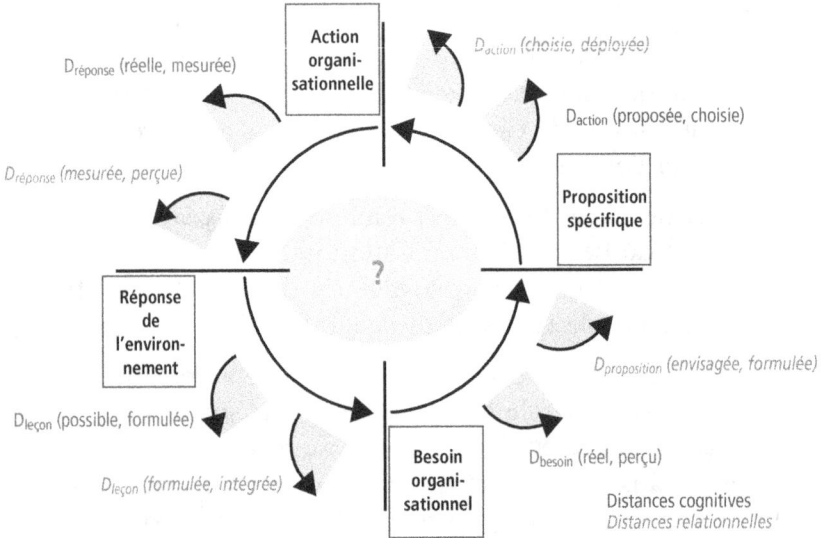

Figure 6 – Cloisons de verre

La reconnaissance de cette première distance cognitive est riche en conséquences opérationnelles. Gérer les comportements opportunistes signifie changer les représentations mentales des voyageurs : il s'agit que ces derniers voient en l'agent de la RATP un hôte, accueillant, mais ferme sur le respect des règles, y compris sur le paiement – et non pas un chasseur de fraudeurs prompt à entrer dans un rapport de force conflictuel. D'où l'idée de transformer les groupes de 10 contrôleurs en petites équipes de 4 personnes attentionnées, capables d'accueillir et d'informer les voyageurs, comme de participer à la maintenance ou à la propreté du tramway – tout en contrôlant les billets de manière relationnelle.

– J'imagine que la communication d'une telle proposition ne va pas de soi !

– Certes non. La petite équipe qui a conçu cette proposition pouvait légitimement s'interroger sur l'accueil qui lui serait fait. Comment convaincre des agents de contrôle qu'ils sont capables de devenir des hôtes ? Et les syndicats de renoncer aux grosses équipes, mises en place après plusieurs années de lutte syndicale ? Et la hiérarchie de faire confiance à une politique moins répressive ? Pas facile de formuler une proposition qui risque d'être rejetée par le jeu des acteurs. Il a fallu réfléchir à la meilleure manière de présenter ces idées en interne…

– … c'est-à-dire de triompher d'une distance relationnelle susceptible de créer un écart entre la proposition envisagée à l'origine et celle jugée audible par l'organisation. Sur la figure 6, elle est notée : $D_{proposition}$ (envisagée, formulée). En l'occurrence, comment cette distance fut-elle réduite ?

– Les nouvelles idées furent développées et présentées par un petit groupe de pionniers, à forte mixité culturelle, représentant divers métiers de la RATP, aidés par un consultant interne, sous leadership de l'encadrement de proximité. Elles étaient le fruit d'une co-élaboration très participative.

– Pas évident pourtant d'amener l'organisation à décider leur mise en œuvre. Comment convaincre que, cette fois, il s'agit de la bonne solution pour réduire l'insécurité ? Le risque est grand de voir se creuser un écart entre la solution proposée et la solution finalement choisie. D'où une nouvelle distance cognitive à surmonter. Dans le schéma de la figure 6, elle est notée D_{action} (proposée, choisie). Comment ce problème fut-il résolu ?

– En proposant un test limité. On allait commencer avec vingt volontaires seulement, sur une seule ligne de tram. Cet aspect expérimental contribua grandement à sécuriser les syndicats et à emporter l'adhésion de tous. Pour autant, il ne faut pas croire que le déploiement de ce groupe de volontaires fut chose aisée. Des jeux d'acteurs pouvaient faire capoter le projet.

– D'où une nouvelle distance relationnelle à vaincre, capable d'empêcher le déploiement de l'action choisie et notée sur la figure 6 : D_{action} (choisie, déployée). D'où venait-elle ?

– Les premiers petits groupes expérimentaux pouvaient légitimement craindre les réactions des voyageurs contrôlés, ainsi que les quolibets de leurs collègues qui continuaient à travailler en grosses équipes. Ce problème fut résolu en plusieurs temps. On commença par convaincre les volontaires qu'ils allaient tirer de l'aventure un supplément de vie personnel. Un investissement très important fut consenti dans la formation. La progressivité des interactions avec les voyageurs fut dosée afin que chacun se découvre en train de réellement gagner en compétences. Les volontaires commencèrent par patrouiller en équipes de quatre, puis se tinrent deux par deux aux portes des voitures avant de se retrouver seuls, aux portes d'abord, et enfin en contrôles itinérants. De la sorte, l'action fut finalement déployée jusqu'au bout.

– Restait le problème de la réponse de l'environnement. La fraude et les accidents diminuèrent-ils ?

– Le risque théorique existait de ne mesurer qu'imparfaitement la réaction de l'environnement. Pour prévenir cette nouvelle distance cognitive – $D_{réponse}$ (réelle, mesurée) –, des systèmes de mesure de la fraude et des agressions furent déployés. À chaque étape du cycle « Objectifs/Action/Débriefing », des indicateurs précis furent mis en place et mesurés.

– Mais comme toujours se profile derrière la distance cognitive, une nouvelle distance relationnelle. En l'occurrence, il ne suffisait pas de mesurer les résultats, encore fallait-il convaincre tous les acteurs qu'on leur disait bien toute la vérité sur un sujet aussi sensible.

– Aussi pour réduire le risque d'une nouvelle distance relationnelle – $D_{réponse}$ (mesurée, perçue) –, un gros effort fut investi dans la communication des résultats de manière précise et transparente.

– Quand les résultats positifs de ces actions furent connus, il devint possible de réfléchir à des solutions pour diffuser les résultats de cet apprentissage.

– Oui. Pour réduire le risque d'une nouvelle distance cognitive – $D_{leçon}$ (possible, formulée) –, des solutions d'essaimage des savoirs furent mises en place. Quatre-vingt emplois conçus selon le nouveau service Tram furent créés. Les agents furent disséminés à mi-temps sur leur emploi d'origine et sur le nouveau service Tram. Des rotations furent organisées dans le temps. En trois ans, 480 agents découvrirent ces nouvelles pratiques.

- Il ne restait plus qu'à s'assurer que d'autres lignes de produits de la RATP bénéficient de cet apprentissage…

- À commencer par le bus. Ce fut l'ambition d'un projet, dénommé « Bus attitude », que de généraliser certains enseignements du tram. Ainsi la RATP s'est-elle attachée à réduire une éventuelle distance relationnelle entre la leçon formulée à l'issue de l'expérience tram et celle véritablement assimilée par l'ensemble de l'entreprise pour la suite : $D_{leçon}$ (formulée, intégrée).

Merlin émit un petit sifflement.

- Pourtant rien n'est jamais acquis. Il ne faudrait pas qu'une série d'agressions particulièrement violentes vienne un jour faire oublier les grands progrès enregistrés. Tout doit toujours être conforté. Mais ce très beau chantier a l'immense mérite de montrer qu'il existe des mécanismes de désapprentissage organisationnels et qu'il est possible de les inverser. L'encadré ci-dessous résume, sous forme de conseils, certains enseignements de la méthode RATP pour réduire les cloisons de verre.

Conseils

- Les entreprises sont pleines de cercles vicieux ou vertueux, cherchez-les !

- Rassemblez des volontaires venus d'horizons différents en un foyer de créativité multicompétences. Intéressez-vous aux représentations mentales des personnes. Comment voient-elles leur mission, leurs possibilités d'action ?

- Puis élaborez un projet, mais pas trop précis.

- Expérimentez ! D'abord sur des petites choses, assez faciles.

- Enfin, organisez la montée en compétence des personnes, par étapes de confiance mutuelle.

- Au final, qu'est-ce qu'un mécanisme d'apprentissage organisationnel, Merlin ?

- C'est un système dans lequel l'organisation apprend des réactions de son environnement. Ou plus précisément, c'est un système dans lequel les leçons que tire l'organisation débouchent sur des actions qui conduisent à améliorer la situation initiale. On finit ainsi même par diminuer la fraude et l'insécurité !

- Pourquoi des mécanismes de désapprentissage se créent-ils ?

- Parce qu'il existe, tout au long du cycle d'apprentissage, des cloisons de verre engendrées par IJR ! Quatre de ces cloisons sont des distances cognitives : on ignore la meilleure solution et on finit par juger détenir la bonne. Et quatre de ces cloisons sont des distances relationnelles : on ignore l'impact du jeu des acteurs sur la mise en œuvre des solutions entrevues.

- Comme on l'a vu au chapitre précédent, ces distances cognitives et relationnelles sont inévitables, puisqu'elles découlent d'IJR qui est lui-même une conséquence de notre rationalité limitée.

- Oui, mais les cloisons de verre peuvent être plus ou moins épaisses. On peut reconnaître plus ou moins tôt des solutions plus efficaces. On peut modifier plus ou moins facilement les jeux d'acteurs qui freinent leur déploiement.

- Des cloisons de verre épaisses entretiennent l'organisation dans une véritable cécité organisationnelle, qui la rend aveugle aux évolutions de son environnement. Des cloisons fines et transparentes lui permettent de s'adapter régulièrement.

- Oui. Nous sommes désormais en mesure de répondre à la question très savante que tu as posée au début de ce chapitre. Tu avais alors demandé quels sont les rôles respectifs de SAD et d'IJR en matière d'adaptation à court terme et d'adaptation à long terme.

- Cela paraît désormais clair. À court terme, le jugement facilite la décision et IJR facilite SAD… À long terme, IJR opacifie les cloisons de verre et l'entreprise menace de se révéler inadaptée à son environnement. IJR donne donc le signal des réformes…

- Dans les années 1980 aux États-Unis, deux chercheurs, Richard R. Nelson, professeur à l'université Columbia de New York et

Sidney G. Winter, professeur à la Wharton School de l'université de Pennsylvanie, se sont intéressés à la façon dont les organisations apprennent. À l'origine de cette possibilité d'apprentissage organisationnel résident pour eux des « routines » acquises par les individus au cours de leurs interactions et qui permettent aux organisations de faire face aux changements de leur environnement.

– Cette vision se précise ici. Des routines de type SAD permettent en effet à l'organisation de s'adapter à court terme. Mais ces routines contiennent une part d'IJR qui n'apparaît qu'avec le temps. Elles seront, si elles sont reconnues, la source des nouvelles adaptations – à long terme cette fois.

– Oui, Marin. Dans la durée, le couple SAD/IJR est bel et bien la meilleure chance d'apprentissage de nos organisations.

Résumé

• À long terme, les organisations apprennent selon un processus en quatre temps, dénommé cycle de l'apprentissage organisationnel :

– de la prise de conscience d'un besoin de l'organisation…

– naît une initiative spécifique formulée par un ou plusieurs individus…

– qui débouche sur une action de l'organisation…

– pour induire une réponse en retour de l'environnement, dont l'organisation tirera – ou pas – une leçon.

• À chacune des étapes de ce cycle pourtant, des cloisons de verre peuvent perturber le processus d'apprentissage :

Cloisons de verre	Distances
D_{besoin} (réel, perçu)	entre le besoin réel et le besoin perçu
$D_{proposition}$ (envisagée, présentée)	entre la proposition initialement envisagée et la proposition finalement présentée

Cloisons de verre	Distances
D_{action} (proposée, choisie)	entre l'action collective proposée et celle finalement choisie
D_{action} (choisie, déployée)	entre l'action choisie et celle finalement déployée
$D_{réponse}$ (réelle, mesurée)	entre la réponse réelle de l'environnement et celle effectivement mesurée
$D_{réponse}$ (mesurée, perçue)	entre la réponse mesurée par quelques-uns et celle comprise par l'organisation
$D_{leçon}$ (possible, formulée)	entre la leçon qui aurait pu être apprise et celle que formule l'organisation
$D_{leçon}$ (formulée, intégrée)	entre la leçon formulée et celle réellement intégrée pour l'avenir

- Ces cloisons de verre sont de véritables distances, cognitives ou relationnelles, engendrées par IJR. Certaines procèdent de l'ignorance d'une solution techniquement plus efficace, d'autres d'une spéculation sur le comportement d'autrui.

- IJR, en épaississant les cloisons de verre, peut rendre l'organisation incapable d'interpréter les réponses de son environnement. S'installe alors un processus de désapprentissage organisationnel qui conduit l'organisation à une véritable cécité.

- Ces cercles vicieux ne sont nullement une fatalité : le rétablissement d'un mécanisme vertueux passe par la réduction des distances cognitives et relationnelles.

- À long terme, IJR donne le signal des réformes. À court terme, IJR facilite SAD. Le couple (SAD/IJR) est le moteur de nos progrès – à court, comme à long termes.

Distances cognitives et relationnelles s'affinent en chaîne. La réduction d'une distance cognitive implique souvent de réduire une distance relationnelle, c'est-à-dire de modifier des jeux d'acteurs.

4

Pourquoi le pouvoir peut-il conduire à l'impuissance ?

« Le rôle d'un cadre est premièrement de servir,
deuxièmement de penser. Servir, c'est dire oui ; penser,
c'est dire non. Dans l'entreprise, les uns disent oui sans servir,
les autres disent non sans penser. »
François Proust, *Maximes à l'usage des dirigés*
et de leurs dirigeants

Le calme de Merlin lui devint insupportable. Marin lâcha le flot de questions qui le tenaillait.

– Pourquoi, dans l'entreprise, les décisions les plus critiques ne sont-elles jamais mises en œuvre ? Pourquoi les paroles des dirigeants se perdent-elles ? Pourquoi les dirigés ne les suivent-ils pas ? Pourquoi s'écoule-t-il des lustres avant que les choses enfin ne bougent ?

Merlin bascula tranquillement son fauteuil en arrière.

– Et toi, as-tu pu parler à Marko ?

– Oui... Même si cela n'a pas été facile.

– Pourquoi ?

– Pas évident de m'avouer que je ne savais plus faire ce job. Pas évident d'oser le dire à mon boss.

– Bien sûr, il est délicat de confesser ses limites à autrui.

– L'esprit se fait des nœuds. On se dit qu'on a réussi dans le passé des choses plus complexes, que les autres ne feraient de toute façon pas mieux. Et puis... qu'au petit jeu des aveux, on risque de perdre son emploi !

– Comment as-tu trouvé le courage de passer à l'acte ?

– Je me suis rappelé les montagnes russes.

– Explique-moi.

– Ignorer/Juger/Réagir. J'ignorais ce que savait Marko de la situation réelle de l'entreprise. À tort ou à raison, je jugeais possible qu'on m'ait caché certains problèmes.

– Comment as-tu réagi ?

– Spontanément, je voulais faire à Marko l'inventaire complet des difficultés de l'entreprise. Il s'agissait essentiellement de justifier ma préconisation de fermeture. Mais quand j'ai compris que Marko n'avait pas les marges de manœuvre pour ordonner l'arrêt des activités, j'ai su que cela était vain. J'ai renoncé à comprendre, et à dire plus avant les difficultés de l'entreprise. J'en savais juste assez pour savoir qu'il n'était plus dans mes cordes de la sauver.

– As-tu pu avouer ton impuissance sans chercher à te justifier ?

– Oui. J'ai simplement dit à Marko que, cette fois, je ne savais pas sauver une entreprise en proie à de telles difficultés.

– Bien, Marin. Que s'est-il passé ensuite ?

– Ensuite…

Deux coups nets et précis frappés à la porte interrompirent Marin. Il détourna vivement la tête. Marko venait d'entrer, débonnaire et concentré. Une mine de sérotonine, comme à l'accoutumée !

– Je lui ai immédiatement rétorqué que je le pensais capable de plus grandes choses ! asséna Marko.

Marin ne put retenir un sourire.

– Oui… Et tu as ajouté que, si j'acceptais, j'aurais tous les effectifs nécessaires au redressement de l'entreprise !

– Et tu m'as répondu que ce n'était pas une histoire d'effectifs !!! C'était à n'y rien comprendre…

– Mon analyse révélait que l'écosystème entier de l'entreprise – ses clients, ses sous-traitants – était devenu trop fragile. Le marché réduit à une peau de chagrin, tous les sous-traitants désinvestissaient. Embaucher des effectifs supplémentaires n'aurait servi qu'à augmenter les pertes. Et puis, aurais-je eu tous les moyens d'exercer les responsabilités juridiques propres au mandat de président d'une société sous perfusion ? À vrai dire je n'en savais rien, mais après dix ans, j'étais fatigué de ce genre de situation.

- C'est pour cela que je t'ai demandé ce que tu voulais désormais faire.

- Et je t'ai répondu : du développement des personnes.

- Alors je t'ai envoyé au développement des personnes.

Même si Merlin n'avait jusque-là pas soufflé mot, il semblait content.

- Je crois que nous sommes tous mûrs pour passer à de plus grandes leçons. Voulez-vous savoir pourquoi, dans l'entreprise, un fossé se creuse parfois entre les managers et leurs subordonnés ?

- Je pressens que cela a quelque chose à voir avec les relations de pouvoir.

- À trois, nous devrions être capables de rassembler toutes les pièces du puzzle ! compléta Marin.

- Bien, reprenons les choses à la base. Qu'est-ce qui déclenche IJR ?

- Une ignorance originelle quant à la portée de nos solutions et à la nature des réactions d'autrui : la séquence IJR est engendrée par de l'incertitude.

- Et quelle est la conséquence d'IJR ?

- Comme nous l'avons vu au chapitre précédent, un aveuglement de l'organisation face à l'évolution de son environnement. C'est-à-dire, en fin de compte, la perception d'une incertitude accrue. Née de l'incertitude, IJR accroît l'incertitude.

- Mais le rôle d'un manager est précisément de réduire cette incertitude ! tonna Marko.

- Et comment t'y prends-tu, Marko ? demanda Merlin.

- En donnant le sens. En définissant la stratégie. En fixant des objectifs.

- Est-ce que cela suffit, Marin, pour que ton incertitude soit réduite ?

- Pas toujours. Encore faut-il que la stratégie soit réaliste, les objectifs précis et atteignables. C'est-à-dire que j'aie réellement les moyens de les atteindre.
- Quel est le cauchemar du subordonné, Marin ?
- Une stratégie langue de bois, des objectifs inaccessibles et des moyens déphasés. Alors là, oui, l'incertitude du subordonné est à son comble !
- Il semblerait donc que les managers ne réussissent pas toujours à réduire l'incertitude de leurs subordonnés. Symétriquement, Marin, comment les subordonnés peuvent-ils tenter de réduire l'incertitude de leurs managers ?
- En disant les choses telles qu'elles sont. En proposant des solutions. Et en déployant les moyens confiés.
- Est-ce que cela suffit, Marko, pour que l'incertitude du dirigeant soit réduite ?
- Certes pas ! Encore faut-il que la réalité qui m'est remontée soit compréhensible, les solutions praticables et les résultats promis effectivement au rendez-vous.
- Quel est donc le cauchemar du manager, Marko ?
- Mille problèmes qui remontent. Mille bonnes raisons de ne pas faire ce que je demande. Mille excuses pour justifier l'échec. Alors là, oui, l'incertitude du manager est à son comble !
- Les subordonnés non plus ne réussissent donc pas toujours à réduire l'incertitude de leur manager. Pourquoi à votre avis ?
- Je présage que cela a quelque chose à voir avec IJR…
- Oui, il s'agit d'IJR, d'incertitude et de pouvoir. Le mieux, une nouvelle fois, est de partir d'un exemple concret.

Faites des gains de productivité !

Le cas de Marc et Théo

Marc est le patron Europe du Nord d'un groupe industriel français. C'est un ingénieur de formation qui est également à la tête du bureau d'études. Théo est un manager expérimenté qui dirige la filiale néerlandaise. Marc est le patron de Théo.

> Les clients réduisent leurs budgets, la concurrence est forte et l'entreprise souffre. En France, le groupe a engagé un important plan de réduction de coûts.
>
> En Hollande, l'activité est concentrée sur la distribution. Elle emploie 15 personnes, dont 10 commerciaux. La filiale a perdu 300 000 euros l'année dernière et Marc souhaite que Théo fasse des gains de productivité.
>
> Un an après, malgré un plan de réduction de coûts de 100 000 euros et un développement commercial réussi, la filiale hollandaise perd 400 000 euros. Pourquoi ?

- Marc a le pouvoir, il doit fixer à Théo des objectifs de redressement ambitieux ! fit Marko.

- Qu'est-ce que le pouvoir, Marko ?

- La capacité de faire bouger les choses, d'obtenir que les autres agissent !

- Ta définition est très proche de celle de Dahl, un politiste américain.

- Dahl ?

> Pouvoir : Pour Dahl, le pouvoir d'une personne A sur une personne B, est la capacité de A d'obtenir que B fasse quelque chose qu'elle n'aurait pas fait sans l'intervention de A[1]. Dans la mesure où une organisation est un système finalisé rassemblant des hommes pour l'atteinte d'objectifs collectifs, l'exercice du pouvoir est légitime : c'est la poursuite de ces objectifs collectifs qui justifie la construction entre les hommes de relations de pouvoir.

- Dans l'exemple de Marc et de Théo, Marc va tenter d'obtenir que Théo fasse quelque chose. Mais comment va-t-il s'y prendre ? demanda Merlin. Quels objectifs va-t-il fixer à Théo ?

- Pas évident de répondre en disposant de si peu d'éléments sur la situation de la filiale hollandaise… hasarda Marin. Vaut-il

---

1. A. Dahl, « The Concept of Power », *Behavioral Sciences*, n°2, p. 201-215, 1957 ; et "Power", *Encyclopedia of the Social Sciences*, vol. 12, p. 405-415 *in* M. Crozier et E. Friedberg, *L'Acteur et le Système, op. cit.*

mieux encourager la société à se réinventer ou à réaliser des gains de productivité sur son métier de base ?

— Au vu des difficultés financières du groupe et des efforts de réduction de coûts déjà engagés, Marc sera d'abord tenté de demander à Théo des gains de productivité ! trancha Marko.

— Pourquoi est-il si difficile à un dirigeant, Marko, de dire au dirigé ce qu'il faut faire ? demanda Merlin.

— Parce que le dirigeant ignore le détail des impératifs et des contraintes « locales » du dirigé. Et qu'il doit néanmoins juger de ce qu'il convient de faire.

— La relation de pouvoir entre Marc et Théo se construit donc à partir d'une incertitude originelle, fondatrice d'une première séquence IJR : le dirigeant ignore les détails de la réalité « locale », mais il doit pourtant juger de la bonne solution et réagir en fixant un objectif au dirigé. Dans le cas présent, tu as vu juste ! Marc, après s'être isolé pour réfléchir, a demandé à Théo de réduire ses effectifs d'un tiers.

— D'un tiers ! J'imagine d'ici la réaction de Théo, s'exclama Marin. Où aller chercher un tiers de gain de productivité ?

— Le calcul de Marc est simple. Cinq personnes en moins, c'est 300 000 euros d'économies : pile ce qu'il faut pour ramener les pertes à zéro. Théo ne dispose-t-il pas de 15 personnes au total ?

— Oui, mais Théo va argumenter, rétorqua Marin… La situation n'est pas si désastreuse que ça ! Les pertes de l'année précédente sont largement dues à la défection de dernière minute d'un client qui avait pourtant signé un premier accord de principe. Ce client avait voulu des modifications du produit livré par la France, que le bureau d'études avait chiffrées à un coût ensuite jugé exorbitant par le client… Pour autant, les ponts ne sont pas rompus : moyennant 100 000 euros d'investissements pour modifier la commande du client, une très grosse affaire pourrait être signée dès cette année et ouvrir de nouveaux débouchés auprès d'un segment du marché encore vierge de toute concurrence.

— Pourquoi Théo va-t-il argumenter, Marin ?

- Parce qu'il est convaincu qu'il aura davantage de chance de restaurer la profitabilité de son entreprise en conservant ces cinq emplois qu'en les supprimant !

- Ce faisant, il cherche à transformer la démarche, que Marc avait initiée comme un simple processus de fixation d'objectifs, *en négociation*. Et dans l'échange qui débute, les deux ont à y gagner – à commencer par Marc qui récolte des informations sur le bureau d'études.

- Théo a lui-même besoin d'informations complémentaires, acquiesça Marin. Car il ignore les contraintes « stratégiques » réelles qui pèsent sur Marc. D'où sort ce chiffre d'un tiers ? Quels efforts ont été acceptés par les autres filiales ? Combien reste-t-il à trouver pour équilibrer les comptes au niveau du groupe ?

- Au fond, chacun d'eux n'a qu'une partie du puzzle… Les deux ignorent la solution qui permettra simultanément d'optimiser les contraintes globales du groupe et locales de la filiale. Je pressens, là-dessous, l'existence de distances cognitives…

LE MANAGER (A)…	LE SUBORDONNÉ (B)…
• *ignore* les impératifs et contraintes « locales » de B	• *ignore* les impératifs et contraintes « stratégiques » de A
• *juge* qu'il faut que B fasse telle ou telle action	• *juge* que telle action serait préférable, mais vu que A veut autre chose, il n'a pas complètement le choix
• *réagit* en impliquant B dans un processus dont la finalité est de fixer un objectif à B	• *réagit* en transformant autant que possible le processus en négociation

Copyright G4 2007

Figure 7 – Pouvoir et distances cognitives

- Oui, Marko. Tu vois qu'à la première séquence IJR de Marc répond celle de Théo. Le subordonné ignore les impératifs et les contraintes « stratégiques » de son manager, juge qu'il devrait investir 100 000 euros pour ouvrir ce nouveau marché, mais que du fait de la volonté de Marc, il n'a pas complètement le choix. Théo réagit donc en tentant de transformer en négociation le processus de fixation d'objectif. La relation de pouvoir entre Marc et Théo se développe à partir d'une double séquence IJR, telle que la schématise la figure ci-avant.

— La négociation se conclura par un compromis. Marc ne peut accepter des pertes de sa filiale. De son côté, Théo ne veut pas licencier cinq commerciaux.

— En l'occurrence, la partie pour Marc était relativement facile, intervint Merlin. Il a pris Théo au mot. Puisque ce dernier était convaincu de pouvoir résorber les pertes en signant un nouveau client, il lui a fixé pour seul objectif d'équilibrer les comptes dès cette année. À charge pour Théo de se débrouiller comme il l'entend.

— Comment Théo va-t-il trouver l'argent ?

— Marc a été très ferme là-dessus. Il est impératif que les comptes de fin d'année soient équilibrés ! À Théo de trouver 100 000 euros d'économies pour modifier le produit.

— Après tout, c'est beaucoup moins que les 300 000 euros que lui demandait Marc initialement, renchérit Marko.

— Mais je pressens que ni Théo, ni Marc, ne sont au bout de leurs peines... Que va-t-il se passer ? Du fait de la rationalité limitée de chacun, ainsi que des biais propres au processus de négociation, je ne serais pas surpris que la réalité produise des résultats divergeant non seulement du résultat que Marc avait cru atteindre (équilibrer les comptes), mais aussi de celui qu'espérait Théo (développer l'activité).

— Bravo Marin, c'est effectivement ce qui est arrivé ! Un an plus tard, la filiale néerlandaise perdait 400 000 euros.

— Marc a dû être furieux !

— Il a immédiatement convoqué Théo. N'avait-il pas insisté sur l'importance d'équilibrer les comptes ? Aussi fut-il surpris d'apprendre que c'est bien ce que Théo avait fait. Ce dernier avait bloqué les salaires de l'ensemble de l'équipe et licencié deux assistantes administratives. Ce qui avait permis d'investir dans les modifications du produit et de remporter une très grosse affaire avec un nouveau client.

— Alors, que s'est-il passé ? gronda Marko.

– Le surcroît de travail, conjugué au gel des rémunérations, fut de trop pour l'un des vendeurs qui démissionna un mois après. Il s'agissait précisément de la personne qui gérait la relation avec le nouveau client. Subitement inquiet, le client réclama des garanties contractuelles supplémentaires. Un an après, le bureau d'études n'avait toujours pas réussi à livrer le produit. Le client réclama ses indemnités de retard… Ce qui précipita les comptes de la filiale dans le rouge !

– Il me semble que Marc est en partie responsable, remarqua Marin. Qu'avait-il besoin d'imposer à Théo ces départs qui le fragilisèrent vis-à-vis d'un client critique ? Et puisque le bureau d'études lui est directement rattaché, Marc aurait dû s'assurer que ce dernier effectue son travail dans les délais !

– Pas du tout ! répliqua Marko. Marc n'y est pour rien. N'a-t-il pas laissé à Théo le choix des économies à réaliser ? Et qu'avait besoin Théo de signer ces pénalités de retard calamiteuses ?

Ce que j'ai craint le plus m'est arrivé…

– Voyons, souvenez-vous : quoi de plus naturel que, du fait de leur rationalité limitée, les acteurs soient surpris par des développements qu'ils n'ont pas imaginés ? Marc souhaitait l'équilibre financier… Mais la société perd 400 000 euros. Théo voulait développer son activité. Mais il a perdu trois salariés et son plus gros client le menace désormais d'un procès. Une relation de pouvoir a débouché sur une négociation de compromis. Et ce compromis a engendré une distance cognitive, c'est-à-dire précisément une situation dont ni l'un, ni l'autre ne voulaient. Comme dit Job dans la Bible : *« Ce que j'ai craint le plus m'est arrivé ! »*

– Toute la question est désormais de savoir comment corriger la situation. Théo a besoin de Marc pour envisager ce qu'il est possible de faire du côté du bureau d'études. Marc a besoin de Théo pour connaître les marges de négociation possibles avec ce client. Tout dépend du degré de confiance qu'ils ont l'un dans l'autre…

– Vous voyez donc que Théo n'est pas entièrement démuni face à Marc. Chacun des deux maîtrise une source d'incertitude essentielle à la résolution du problème. Si Théo démissionnait à ce moment précis, son départ serait une catastrophe pour Marc. Comme l'écrivent M. Crozier et E. Friedberg : « *Le pouvoir d'un individu ou d'un groupe, bref, d'un acteur social, est bien ainsi fonction de l'ampleur de la zone d'incertitude que l'imprévisibilité de son propre comportement lui permet de contrôler face à ses partenaires.* »[1] Crozier et Friedberg modifient la définition du pouvoir de Dahl citée au début de ce chapitre : le pouvoir de A sur B dépend de la prévisibilité du comportement de B pour A et de l'incertitude où B se trouve vis-à-vis du comportement de A.

– Plus le manager est capable de maîtriser une incertitude importante pour son subordonné, renchérit Marko, par exemple la connaissance d'un objectif stratégique essentiel, plus il disposera de pouvoir.

– Et de la même manière, poursuivit Marin, plus le subordonné sera en position de marchander sa bonne volonté, c'est-à-dire de garder son comportement futur imprévisible pour le manager, moins le rapport de force qui prévaudra lui sera défavorable.

– Bravo à tous les deux ! Vous venez de mettre le doigt sur quelque chose d'extrêmement important… Dans le monde de l'entreprise, chacun peut souhaiter – pour développer son pouvoir – générer de l'incertitude. Ne dit-on pas communément qu'on « ne sort de l'ambiguïté qu'à son détriment » ? Et c'est ainsi que les distances cognitives peuvent déboucher sur l'élargissement de distances relationnelles…

– Que veux-tu dire par là, Merlin ?

– Je devine ! fit Marko. Marc ignore si Théo est réellement prêt à jouer le jeu. Même si Théo a un peu réduit les coûts, ses ambitions de développement commercial démesuré ont mis la filiale en danger.

– Et comment Marc va-t-il réagir ?

---

1. Ibid.

– Impossible de faire confiance à Théo pour redresser cette
  filiale ! Si Théo s'était contenté de procéder à quelques départs,
  on n'en serait pas là. Mais non, avec sa folie des grandeurs, il a
  encore fallu qu'il signe un client impossible ! Marc n'aurait
  jamais dû l'écouter l'année dernière… Cette fois-ci, Marc est
  bien résolu à ne plus lui laisser le choix des moyens : il va
  réagir en réduisant encore les moyens et les délais impartis à
  son subordonné !

– Et comment va-t-il expliquer à Théo les raisons de cette
  nouvelle attrition de moyens ? demanda Merlin.

– La stratégie n'est pas l'affaire de Théo, mais celle de Marc !
  répondit Marko. Du point de vue de Marc, la situation est claire.
  Il faut masquer à Théo les fins stratégiques de l'organisation,
  tout en le contraignant davantage sur le « comment ».

– Bien, fit Merlin. Et toi, Marin, que penses-tu de la situation de
  Théo ?

– Théo ignore les intentions réelles de Marc. Pourquoi cet acharne-
  ment à réduire les coûts ? Marc veut-il sa peau ? Peut-être
  Marc souhaite-t-il même la fermeture de la filiale hollandaise ?
  Le plus rageant, c'est que si Marc lui avait d'emblée donné les
  moyens de servir ce fichu client, on n'en serait pas là… Pour
  Théo, Marc – avec sa méconnaissance des réalités du terrain –
  va finir par le mettre dans une situation intenable à terme.

– Et comment Théo va-t-il réagir ?

– Il va aller trouver Marc, détailler toutes les difficultés qui l'acca-
  blent et réclamer des moyens financiers supplémentaires !

– En somme, l'un veut donner toujours moins de moyens à l'autre
  qui lui en demande toujours plus, conclut Merlin. La figure ci-
  après résume la situation.

– Nous retrouvons deux nouvelles séquences IJR, fondatrices de
  deux distances relationnelles, qui menacent d'élargir encore le
  fossé entre managers et subordonnés…

– Que peut-on en déduire pour l'exercice du pouvoir dans les
  entreprises ?

LE MANAGER (A)…	LE SUBORDONNÉ (B)…
• *ignore* la bonne volonté de B à faire ce qui lui a été demandé	• *ignore* les intentions réelles de A, pour l'organisation, comme pour A et B eux-mêmes
• *juge* que B est capable de faire capoter des objectifs « stratégiques » et de tricher sur son niveau d'engagement réel	• *juge* que A est capable de passer à côté de la réalité du terrain et de finir par le mettre, lui B, dans une situation intenable
• *réagit* en masquant le pourquoi stratégique et en contraignant le comment du processus (par ex. par les moyens et les délais)	• *réagit* en rendant son comportement imprévisible pour A (par ex. par la remontée de difficultés et l'exigence de moyens supplémentaires)

Copyright G4 2007

Figure 8 – Pouvoir et distances relationnelles

– D'abord que l'exercice du pouvoir est légitime et nécessaire. Exactement dans la mesure où les distances cognitives sont légitimes et nécessaires : même s'il n'existe aucune garantie qu'une solution soit parfaite, il faut que quelqu'un tranche. Comme l'analysent Crozier et Friedberg, l'incertitude fonde l'exercice du pouvoir. Ce dont ils déduisent qu'il faut *« nous débarrasser de cette conception purement négative et répressive du pouvoir (…) qui voit, dans l'existence de relations de pouvoir (…) le simple produit – à la limite pathologique – (…) d'un mode de domination sociale (…) qu'il suffirait de casser pour faire disparaître aussitôt les problèmes de pouvoir »*[1]. L'existence des distances cognitives rend nécessaire l'existence du pouvoir par certains : il est essentiel que certaines personnes tentent de maîtriser des zones d'incertitude pertinentes pour l'organisation.

---

1. *Ibid.*

Le pouvoir ne s'use que si l'on s'en sert

- N'y a-t-il pas une limite à cette « juste incertitude des organisations » ?

- Oui. Et ce sont les distances relationnelles qui l'indiquent. Leur croissance est potentiellement dangereuse, quand elle est sciemment orchestrée pour asseoir un pouvoir. Dans l'exemple ci-dessus, si Marc décide de contraindre exagérément les moyens de son subordonné, tout en lui masquant le sens ultime de certaines consignes, il finira non seulement par le perdre, mais aussi par imposer la mise en œuvre d'une stratégie décalée par rapport aux véritables enjeux de l'entreprise. Symétriquement, si Théo ne remonte que des difficultés à Marc, il se créera l'image de quelqu'un d'incompétent et de peu fiable. En synthèse, on peut donc donner les conseils pratiques suivants.

Conseils

- Si vous êtes manager, attachez-vous à rassurer vos subordonnés en réduisant leur incertitude. Efforcez-vous de réduire les distances cognitives – au besoin en prenant le risque de simplifier et de trancher. Veillez à réduire les distances relationnelles – au besoin en prenant le risque de la transparence sur vos objectifs réels. Accueillez les suggestions d'autrui.

- Si vous êtes subordonné, prenez le soin de rassurer votre manager en réduisant son incertitude. Efforcez-vous de réduire les distances cognitives – au besoin en prenant le risque de la transparence sur les ressources dont vous disposez. Et attachez-vous à réduire les distances relationnelles – y compris en partageant vos sentiments.

- Dans tous les cas, que vous soyez manager ou subordonné, n'utilisez pas les jeux de pouvoir afin d'élargir des distances relationnelles supplémentaires entre vous et autrui.

- Il semblerait donc, à t'entendre, qu'une croissance exagérée des distances relationnelles soit dangereuse.

- Oui. Elle contribuerait à rendre le discours sur les fins de l'organisation de plus en plus générique et elliptique. Et à assujettir la stratégie aux résultats d'enjeux de pouvoir déconnectés des réalités du terrain… C'est encore plus vrai lorsque les moyens d'une entreprise s'érodent. Dans ce cas, la motivation baisse. La transparence décroît. Managers et subordonnés sont portés à sur-réagir. Les managers contrôlent davantage – quitte à adopter des comportements obsessionnels. Les subordonnés tirent alors leur raison d'être de leur capacité à sans cesse jouer les pompiers – quitte à se comporter de manière hystérique.

– En somme, un peu d'incertitude fonde le pouvoir. Mais trop d'IJR l'épuise !

Résumé

- Une organisation est un système finalisé rassemblant des hommes pour l'atteinte d'objectifs collectifs. La poursuite de ces objectifs justifie la construction de relations de pouvoir : A (le manager) tente d'obtenir de B (le subordonné) quelque chose que B n'aurait pas réalisé sans l'intervention de A.

- Cette relation de pouvoir se construit à partir d'une double incertitude originelle :

  – A ignore les impératifs et contraintes locales de B, mais juge qu'il faut que B agisse de telle manière. A réagit en impliquant B dans un processus dont le but est de fixer les objectifs de B.

  – B ignore les impératifs et contraintes stratégiques de A, juge qu'idéalement il devrait agir de telle manière, mais que du fait de la volonté de A, il n'a pas complètement le choix. B réagit en tentant de transformer le processus de fixation d'objectifs en négociation.

- Cette négociation crée deux écarts :

  – un écart entre la « meilleure » solution de A (*i.e.* celle qui accommoderait idéalement ses impératifs et contraintes) et la solution négociée ;

  – un écart entre la « meilleure » solution de B et la solution négociée.

- Du fait de la rationalité limitée de chacun, comme de biais propres à la négociation, ce processus produira des résultats qui pourront diverger, non seulement des souhaits initiaux de A et de B, mais également des objectifs qu'ils auront négociés ensemble. La négociation a ainsi engendré une distance cognitive.

- Cette distance sera parfois reconnue dans sa complexité par A et B – quitte à ce que chacun assume une part de coresponsabilité dans la situation. Tous deux pourront ensuite, de concert, la réduire.

- Mais cette distance cognitive pourra aussi déboucher sur l'élargissement de distances relationnelles :

  - A ignore la bonne volonté de B à faire ce qui lui a été demandé et juge B partiellement incompétent et/ou capable de tricher sur son niveau d'engagement réel. A peut réagir en masquant le « pourquoi stratégique » et en contraignant le « comment ».

  - B ignore les intentions réelles de A, juge que A est capable de passer à côté de la réalité du terrain et de finir par le mettre, lui B, dans une situation intenable. B peut réagir en rendant son comportement imprévisible pour A (par la remontée de difficultés inattendues et par l'exigence de moyens supplémentaires).

- Si l'organisation laisse les distances relationnelles croître exagérément :

  - Le discours sur les fins de l'organisation devient de plus en plus générique et elliptique. Le fossé entre les fins et les moyens s'élargit.

  - Les échecs individuels et collectifs se multiplient. La motivation baisse. La transparence décroît. Le comportement de A risque de devenir obsessionnel et celui de B hystérique.

5

Qu'est-ce qui fait échouer les réformes ?

« Je veux être libre pour faire le bien,
mais je consens à être lié pour ne point faire le mal. »
Philippe d'Orléans,
régent de France, septembre 1715

Comme Merlin venait d'entrer, Marin repoussa le journal qu'il lisait. Sur la première page, un gros titre indiquait : « 300 000 personnes dans la rue, le gouvernement doit revoir sa copie ! »

– Tout le monde s'accorde sur la nécessité des réformes, mais au pied du mur plus personne n'en veut ! Pourquoi est-il si difficile de faire le bien, Merlin ? Qu'est-ce qui rend les décisions si délicates à transposer dans la réalité ? D'où vient la rareté de ceux qui agissent ? Pourquoi, au fond, tant de déclarations restent-elles lettres mortes ?

– Que de grandes questions, mon cher Marin !

– Pour les résumer, je dirai ceci : d'où vient que le pouvoir paraisse parfois impuissant ? Nos organisations ressemblent à des avions en piqué, aux gouvernes molles. Nous avons parlé du pouvoir au chapitre précédent, mais je ne comprends pas clairement comment les actions s'enlisent. En particulier, comment des organisations hiérarchiques – dans lesquelles le pouvoir se fait sentir de façon omniprésente – peuvent-elles perdre le contrôle de leurs actions ?

– Dans ce type d'organisations, que tu appelles hiérarchiques, on essaie généralement de produire des changements à travers un cycle de réforme.

– Un cycle de réforme[1] ?

> Cycle de réforme : dans un système hiérarchique les changements
> passent par quatre étapes : définition de la stratégie par le manage-
> ment, appropriation de la stratégie par les exécutants, alignement des
> ressources sur les objectifs et mise en œuvre.

– Je représente visuellement un cycle de réforme ainsi :

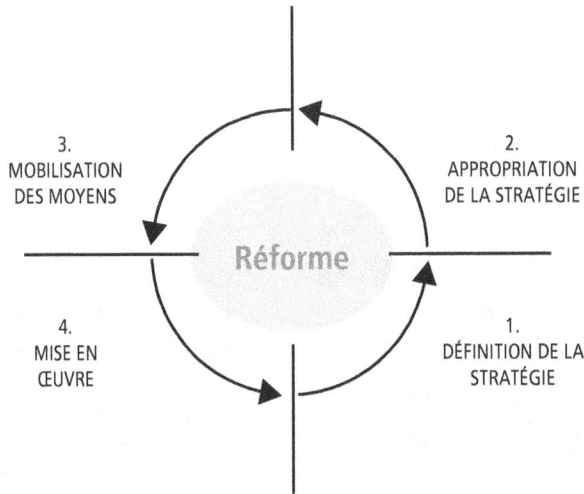

3.
MOBILISATION
DES MOYENS

2.
APPROPRIATION
DE LA STRATÉGIE

Réforme

4.
MISE EN
ŒUVRE

1.
DÉFINITION DE LA
STRATÉGIE

Copyright G4 2007

Figure 9 – Cycle de réforme apparemment simple

– Tu as tracé une représentation circulaire du processus de changement. En accord avec cette intuition que toute transformation
devrait pouvoir se décrire comme une « onde de changement »
qui, en se propageant à travers l'entreprise, déclencherait des
ajustements comportementaux en chaîne…

– La métaphore est tentante, mais sa simplicité est trompeuse.

– Que veux-tu dire ?

– Les processus de réforme sont nécessairement imparfaits.

---

1. Copyright G4 2007.

Nécessaire imperfection des processus de réforme

– Que veux-tu dire ?

– La stratégie est nécessairement partielle. De même que la communication, l'appropriation de la stratégie et l'exécution sont nécessairement partielles.

Et Marin de dessiner le schéma suivant :

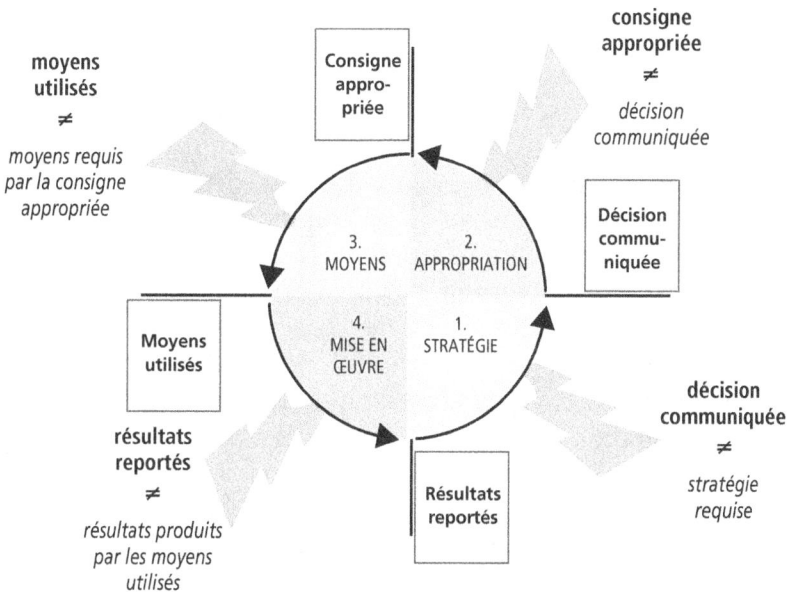

Copyright G4 2007

Figure 10 – Imperfections

– La stratégie est partielle, parce qu'il est bien rare que la décision communiquée corresponde à la stratégie requise par une analyse objective de la situation de l'entreprise. L'appropriation est laborieuse parce que les consignes que les exécutants s'approprient divergent des décisions qui leur ont été communiquées. Les restructurations sont complexes parce que les moyens réels que peuvent mobiliser les équipes ne sont pas ceux que requérait l'atteinte de leurs objectifs. Si bien qu'en bout de course, la mise en œuvre est difficile… À tel point que les résultats de l'action reportés au dirigeant diffèrent parfois des résultats réels ! Le processus de réforme peut donc être distordu à n'importe laquelle de ces quatre étapes-clés que sont la stratégie, l'appropriation de la stratégie, l'organisation des moyens et la mise en œuvre.

– Bravo, Marin ! Ces imperfections résultent de divergences entre ce qui se passe dans l'entreprise et ce qui devrait se produire dans un univers rationnel. Ton schéma met bien en évidence le glissement progressif des bases de référence des acteurs (en italique sur le schéma) au cours du processus de réforme. Étape 1 : le dirigeant élabore une stratégie en référence à celle qui lui paraît requise par les défis auxquels l'entreprise est confrontée. La première base de référence est donc constituée par les impératifs de la réalité. Mais pour le dirigé qui reçoit ensuite une consigne, la tentation est grande de se déterminer d'abord par rapport à la décision qu'on lui communique. Dans une organisation très hiérarchique, la référence glisse facilement de la stratégie objectivement requise par la situation à la demande faite. Puis, nouveau glissement des bases de référence, le dirigé construira son plan d'action en fonction de la consigne qu'il a intégrée – et non pas de celle qui lui a été donnée… Au final, le reporting est censé s'approcher des résultats produits avec des moyens décalés par rapport aux objectifs intégrés, eux-mêmes décalés par rapport aux décisions communiquées, elles-mêmes décalées par rapport à la stratégie requise par la situation réelle de l'entreprise. Ces imperfections construisent une cécité progressive de l'organisation, capable de la couper de la réalité de son environnement.

– Je subodore qu'elles s'engendrent en cascade jusqu'à menacer au fil du temps de disperser en tous sens les ondes de changement. Peux-tu m'expliquer davantage ce phénomène ? Est-ce là qu'interviennent les distances cognitives et relationnelles ?

– Tout juste, Marin ! Les distances sont à la fois l'origine de ces fameuses « imperfections » et la source de leur épaississement en cascade.

– Donne-moi un exemple.

Pourquoi ne peut-on pas tout nous dire ?

Le cas du plan de réduction de coûts de D.

D. est une entreprise de distribution disposant d'un vaste réseau de points de vente. Par malheur, le marché de D. est mature, voire déclinant. Et la concurrence internationale est forte.

Le management a donc décidé de réorganiser le réseau en supprimant des points de vente. Mais comment divulguer la stratégie ? En annonçant immédiatement l'étendue du plan de réduction de coûts, on prend le risque de désigner par avance les victimes et de déclencher une explosion sociale. En cherchant d'abord à rassurer, on risque d'alimenter les rumeurs les plus folles en devant ensuite égrener les mauvaises nouvelles au fil de l'eau.

La décision est finalement prise d'annoncer de simples redé-ploiements. La direction assure que le nombre total de maga-sins restera globalement constant et que toutes les personnes seront reclassées. Mais les équipes s'interrogent : « Nous a-t-on tout dit ? Comment va-t-on réduire les coûts et préserver les personnes ? »

– Pour l'entreprise D., la première question est : « Combien de points de vente fermer compte tenu du déclin du marché ? » Comme ce type de prévision est difficile à établir avec des ressources en analystes compétents nécessairement limitées, il est plus que probable que le scénario conçu divergera de celui que la réalité finira par exiger. Nous sommes ici en présence d'une distance entre la stratégie nécessaire et la stratégie conçue. Je la note : $D_{stratégie}$ (nécessaire, conçue). Il s'agit d'une distance cognitive, dont l'évidence n'apparaîtra qu'avec le temps.

– Je devine la deuxième question qui se pose au dirigeant : « Le nombre de points de vente à fermer selon le plan est une chose, l'annonce du plan en est une autre. Combien de ferme-tures annoncer ? » Avec, à la clé, une séquence Ignorer/Juger/Réagir : le dirigeant ignore lequel de ses scénarios sera le bon.

Il craint légitimement que ses hypothèses les plus alarmistes ne provoquent une explosion sociale. Ce qui peut le pousser à réagir en ne communiquant qu'une version édulcorée de sa stratégie. L'éventail des possibilités est quasiment infini. La tactique permet de gagner du temps et d'éviter de se lier les mains. Après tout, il faudra peut-être demain transformer certains magasins en plateaux d'appels téléphoniques.

– Oui, Marin. Ce deuxième écart, entre la stratégie conçue et la stratégie annoncée, est noté $D_{stratégie}$ (conçue, annoncée). C'est une distance relationnelle. « L'imperfection stratégique » que nous avions tout à l'heure décrite comme la divergence entre la stratégie requise et la décision annoncée est donc, en réalité, la somme d'une distance cognitive et d'une distance relationnelle :

$$\text{Imperfection}_{stratégie} = D_{stratégie} \text{ (nécessaire, conçue)} + D_{stratégie} \text{ (conçue, annoncée)}$$

Il en va naturellement de même pour chacune des trois autres imperfections, si bien qu'il existe au total huit distances cognitives ou relationnelles, décrites dans le tableau ci-dessous.

Tableau 2
Les huit distances cognitives ou relationnelles

	Distances cognitives	Distances relationnelles
Stratégie	– $D_{stratégie}$ (nécessaire, conçue) Distance entre la stratégie exigée par les impératifs de la réalité et celle conçue comme souhaitable. ⇒ Cause : imperfection du processus de planification stratégique	– $D_{stratégie}$ (conçue, annoncée) Distance entre la stratégie conçue comme souhaitable et celle communiquée. ⇒ Cause : jeu des acteurs
Appropria-tion	– $D_{consigne}$ (donnée, comprise) Distance entre la consigne donnée et celle comprise ⇒ Cause : imperfection du processus de communication	– $D_{consigne}$ (comprise, appropriée) Distance entre la consigne comprise et celle intégrée pour action ⇒ Cause : jeu des acteurs

	Distances cognitives	Distances relationnelles
Mobilisation des ressources	– D $_{moyens}$ (requis, obtenus) Distance entre les moyens requis pour atteindre l'objectif intégré et les moyens réellement obtenus ⇒ Cause : imperfection du processus d'allocation de ressources	– D$_{moyens}$ (obtenus, utilisés) Distance entre les moyens obtenus et les moyens réellement mobilisés dans l'action ⇒ Cause : jeu des acteurs
Mise en œuvre	– D$_{résultats}$ (réels, identifiés) Distance entre les résultats réels et les résultats identifiés sur le terrain ⇒ Cause : imperfection du processus de reporting	– D$_{résultats}$ (identifiés, reportés) Distance entre les résultats identifiés sur le terrain et les résultats reportés ⇒ Cause : jeu des acteurs

– Ce tableau souligne que l'origine des distances cognitives réside dans l'imperfection d'un processus. Et que celle des distances relationnelles relève du jeu des acteurs. C'est le télescopage des distances cognitives et relationnelles qui perturbe le processus de réforme…

Naissance des ondes de choc

– … jusqu'à créer de véritables ondes de choc ! L'exploitation des failles des processus par le jeu des acteurs perturbe les ondes de changement. Et agrandit la distance cognitive suivante… Car ces distances s'engendrent en boucle, comme le montre la figure suivante :

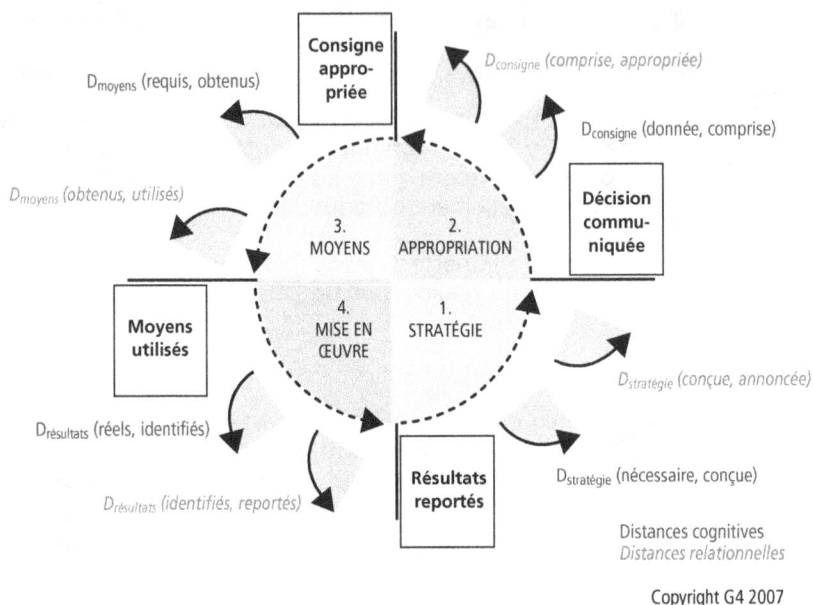

Figure 11 – Ondes de choc

- Peux-tu me donner un exemple ?
- Poursuivons celui de notre réseau de distribution. Comment crois-tu que vont réagir les salariés à la présentation d'un plan de restructuration ne mentionnant ni les échéances, ni les adresses des magasins à fermer ?
- Par de l'angoisse, des manifestations syndicales et des actions violentes.
- Pas si vite ! Considère d'abord le dilemme du directeur de région qui sollicite une consigne de son président. Il serait, pour ce dernier, imprudent de lancer les chiffres des simulations dans la nature. Aussi le président préférera-t-il sans doute envoyer son subordonné tester la limite de ce qui est socialement acceptable : « Faites-moi une proposition pour atteindre l'équilibre d'exploitation l'année prochaine. Quant au nombre de magasins à reconvertir, vous avez carte blanche. C'est vous le patron en Bretagne ! Une seule consigne : pas de vagues. Je ne veux pas voir 2 000 salariés grondant sous mes fenêtres ! » Ce faisant, le président n'est pas entré dans le détail des simu-

lations, des chiffres et des hypothèses. Il a généré une distance : $D_{stratégie}$ (conçue, annoncée).

– Le directeur de région quittera le bureau de son patron perplexe, poursuivit Marin. A-t-il bien compris ce qu'on attend de lui ? Doit-il, en priorité, rétablir l'équilibre des comptes ou empêcher la grève ? D'où une nouvelle distance : $D_{consigne}$ (donnée, comprise) !

– Et sa perplexité n'a pas fini de grandir. Mets-toi à sa place, alors qu'il réfléchit au volant de sa voiture : l'annonce d'une fermeture trop brutale de magasins peut provoquer un tollé social et le conduire à un échec personnel grave. *A contrario*, s'il réussit d'importantes fermetures, il aura scié la branche sur laquelle lui-même est assis… Tiraillé par ces contradictions, le directeur de région devra interpréter la consigne à sa façon. Par exemple, en proposant la reconversion d'un premier magasin afin de commencer par tester, à faible risque, la paix sociale. Quant à l'équilibre des comptes, il sera toujours temps de voir le moment venu… En repoussant momentanément la contrainte financière, le directeur de région vient de créer une nouvelle distance : $D_{consigne}$ (comprise, appropriée).

– Et ainsi de suite : les distances s'engendrent en cascade…

– Plus que cela : une distance accroît la suivante ! En d'autres termes : plus les analyses stratégiques auront été sommaires, plus il est vraisemblable que l'annonce qui en sera faite sera perçue comme partielle. Plus les dirigés auront le sentiment qu'on ne leur dit pas tout, moins ils auront tendance à « acheter » les consignes qui leur seront données. Moins ils se les approprieront, plus les moyens dont ils négocieront l'allocation seront décalés par rapport aux objectifs et plus l'engagement de ces moyens laissera à désirer.

– À court terme, le président a obtenu la paix sociale, à laquelle il tenait par-dessus tout. Quant au rétablissement des comptes, il a donné rendez-vous au directeur de région dans un an. Peu importe que les deux objectifs soient à terme difficilement compatibles…

– Au fil des distances, les ondes de changement s'enlisent en ondes de choc. Voilà comment, dans l'entreprise, certaines actions avortent ! Mais rappelle-toi, les acteurs sont largement innocents, dans la mesure où une entreprise sans distances cognitives ou relationnelles est tout simplement inconcevable.

Merlin traça le tableau suivant.

Tableau 3
Légitimité des ondes de choc cognitives

– $D_{stratégie}$ (nécessaire, conçue) : jamais la stratégie conçue ne coïncidera avec la meilleure stratégie possible, puisque cette dernière notion est éminemment subjective. Le dirigeant pourra concevoir comme souhaitable une stratégie qui privilégiera le social ou le financier, le court terme ou le long terme. Et, contrainte financière aidant, une bonne stratégie sociale à court terme sera peut-être, de ce même point de vue de la préservation de l'emploi, mauvaise à long terme.

– $D_{consigne}$ (donnée, comprise) : une consigne ne sera jamais reçue exactement comme elle a été émise. Le jeu des préférences individuelles et du temps l'interdit. Les personnalités du dirigeant et des dirigés agissent comme autant de filtres qui viennent modifier le fond du message. Et il n'existe pas d'entreprise qui disposerait de l'horizon de temps nécessaire pour justifier à tous le contexte de chaque décision.

– D_{moyens} (requis, obtenus) : les moyens alloués ne coïncideront jamais avec les moyens idéalement requis : ces derniers n'existent pas plus que la stratégie idéale. Et quand bien même le dirigeant les connaîtrait, il serait bien incapable de les mettre à disposition des dirigés. Le jeu de la concurrence ou des conflits de pouvoirs le lui interdirait. Le temps joue aussi : difficile de déployer des ressources au même rythme que l'évolution des enjeux.

– $D_{résultats}$ (réels, identifiés) : utopique de penser que le reporting suffira à épuiser un jour la complexité de la réalité. Ici aussi, il s'agit d'une question d'hommes et de temps. Les préférences des hommes déterminent le fragment de réalité qu'ils souhaitent cerner, et leurs compétences le niveau de profondeur auquel ils désirent l'appréhender. Le temps pose les limites et décide de la fenêtre dont ils disposeront réellement pour déployer le système de reporting.

– Les ondes de choc sont légitimes parce que les distances cognitives sont inévitables, mais aussi parce que nos réflexes, très humains, de jugement et de réaction génèrent des distances relationnelles.

Et Marin de compléter le tableau de Merlin :

Tableau 4
Légitimité des ondes de choc relationnelles

– $D_{stratégie}$ (conçue, annoncée) : un cadre pourra choisir de ne pas annoncer toute la stratégie qu'il a conçue comme souhaitable. Par exemple, parce qu'il aura jugé que tous ne peuvent pas l'entendre et parce qu'il craint une réaction négative s'il la livrait intégralement. Il réagira donc à ce jugement-anticipation par des précautions oratoires à l'origine de la première distance relationnelle de la chaîne.

– $D_{consigne}$ (comprise, appropriée) : un subordonné pourra subodorer une part de non-dit dans le discours de son manager et juger, à tort ou à raison, que les instructions qui lui sont données font davantage le jeu d'autrui que le sien : il craint – s'il mettait intégralement le plan en œuvre – de scier la branche sur laquelle il est assis. Ce nouveau jugement-anticipation conduira, en réaction, à la création d'une seconde distance relationnelle.

– D_{moyens} (obtenus, utilisés) : le subordonné pourra alors se croire fondé à réagir en ne mobilisant qu'une partie des moyens qui lui ont été alloués (ex : grève du zèle ou grève sauvage). Cette nouvelle réaction sera fondatrice d'une troisième distance relationnelle.

– $D_{résultats}$ (identifiés, reportés) : stratégie décalée, communication partielle, moyens tronqués : les résultats pourront être en porte-à-faux avec les attentes. Que cela vienne des dirigés (« on ne peut tout de même pas présenter les choses comme cela à nos mandants ! ») ou du dirigeant (« faites comme vous voulez, officiellement je ne suis au courant de rien… »), un nouveau jugement-réaction menace de générer la quatrième distance relationnelle.

– Et, au travers de cette déferlante d'ondes de choc, managers et subordonnés alliés pour le meilleur et le pire, finiront par réellement scier la branche sur laquelle tous sont assis ! Il est intensément ironique de constater que le résultat collectif est parfois aux antipodes de celui souhaité individuellement par chacun.

– Oui. Nous sommes collectivement responsables des ondes de choc que nous générons conjointement, consciemment ou inconsciemment. L'étude de cette cascade d'ondes de choc a le mérite de montrer comment un système trop hiérarchique peut s'engluer dans l'inaction et à quel point les responsabilités peuvent être systémiques et enchevêtrées.

Conseils

- Pour réduire les ondes de choc nées de distances cognitives, développez les connaissances des individus et améliorez la qualité des processus.
- Pour réduire les ondes de choc nées de distances relationnelles, développez le savoir-être des individus et modifiez la culture de l'entreprise.

Résumé

- Tout changement managérial génère, en se propageant d'un sous-système à l'autre de l'entreprise, des ajustements comportementaux en chaîne, comparables à des ondes de changement.

- Dans une organisation hiérarchique, ces ondes de changement se propagent en quatre étapes précises matérialisées par un cycle de réforme : définition de la stratégie, appropriation de la stratégie par les exécutants, mobilisation des ressources pour servir les objectifs, et enfin mise en œuvre.

- Chaque étape est une source d'imperfections potentielles : la stratégie peut être partiellement adaptée aux enjeux, son appropriation incomplète, les ressources déphasées par rapport aux objectifs et le reporting infidèle à la réalité des résultats.

- Chacune de ces « imperfections » est la somme d'une distance cognitive et d'une distance relationnelle. Il existe donc huit distances fondatrices. Ce sont : $D_{stratégie}$ (nécessaire, conçue) ; $D_{stratégie}$ (conçue, annoncée) ; $D_{consigne}$ (donnée, comprise) ; $D_{consigne}$ (comprise, appropriée) ;

D_{moyens} (requis, obtenus) ; D_{moyens} (obtenus, utilisés) ; $D_{résultats}$ (réels, identifiés) ; $D_{résultats}$ (identifiés, reportés).

- Les distances cognitives tiennent aux imperfections non voulues des processus de planification stratégique, d'appropriation, d'allocation de ressources et de pilotage de la mise en œuvre. Elles sont nécessairement présentes, mais peuvent être réduites en développant les connaissances des individus et en améliorant la qualité des processus.

- Les distances relationnelles procèdent du jeu des acteurs. Ceux-ci peuvent, par exemple, trouver un intérêt à ne communiquer qu'une partie de la stratégie qu'ils estiment souhaitable, à n'accepter qu'une partie de la consigne donnée, à taire une inadéquation entre les objectifs fixés et les moyens engagés ou à reporter des résultats en porte-à-faux avec la réalité. Les distances relationnelles sont largement inévitables, mais peuvent être réduites en modifiant la culture de l'entreprise.

- Toutes ces distances menacent de s'alimenter en cascade. Distances cognitives et relationnelles s'auto-entretiennent et croissent d'une étape à l'autre. Elles génèrent alors de véritables ondes de choc qui dévient les ondes de changement et perturbent les processus de réforme.

- À l'inverse, la réduction d'une distance cognitive peut limiter des comportements opportunistes et réduire certaines distances relationnelles. Et symétriquement, la canalisation de jeux d'acteurs peut réduire certaines distances cognitives.

6

Comment briser…
ou construire la confiance ?

Chez le praticien :
« - Vous tombez à pic : nous venons de recevoir
les résultats de vos examens !
– Alors, comment je vais ?
– Votre santé est calamiteuse. Je vous mets 4 sur 20.
– Merci, Docteur. Combien je vous dois ?
– 1 000 euros. »

*« Il peut sembler rationnel de faire confiance à la confiance,
et de se méfier de la défiance. »*
Diego Gambetta, *Trust*, 1988

Lyon, début septembre 2004. Il faisait chaud. Dans le bureau paysager où Marin s'était arrêté pour trouver un peu de fraîcheur, un miroir lui renvoyait l'image d'une poignée de personnes qui transpiraient. De quoi ces gens avaient-ils besoin pour s'épanouir dans leur travail ?

– Comment se crée la confiance, Merlin ? Quel lien entretient-elle avec IJR ?

– As-tu confiance en la pertinence de la grille de lecture des distances cognitives et relationnelles ? rétorqua Merlin.

– La démonstration du chapitre précédent m'a paru pertinente. Mais j'ignore si cette grille pourrait s'appliquer à d'autres contextes…

– Et que vas-tu en faire ?

– Je ne sais pas.

- Alors tu ne sauras pas ce qu'est la confiance. As-tu confiance en Marko ?

- Bien davantage depuis qu'il a passé l'éponge sur mon refus d'accepter cette présidence !

- Ta confiance en Marko a grandi parce que tu as osé t'exposer en refusant une promotion.

Confiance : est digne de confiance celui qui ne met pas à profit la faiblesse d'autrui.

- Mais revenons au fil de ton dialogue avec Marko. Comment l'as-tu abordé ?

Dois-je devenir président ?

Le cas de la promotion refusée

Marko est ennuyé. Cela fait un moment qu'il cherche à pourvoir en interne le poste de président d'une nouvelle structure. Les candidats « maison » sont peu nombreux, et ceux qui se présentent ne font pas l'affaire.

Marko s'est finalement décidé à recruter à l'extérieur. Après avoir interviewé différents candidats, son choix s'est porté sur Marin. Marko reçoit Marin pour un dernier entretien et tient absolument à finaliser l'embauche.

« Cette présidence constitue pour vous une véritable opportunité ! » martèle-t-il à Marin d'entrée de jeu. Marko réussira-t-il à convaincre Marin ?

- Je comprends que tu te demandais si tu devais accepter cette promotion, dit Merlin à Marin. Mais quelle était la situation de départ du point de vue de Marko ?

- Marko avait un problème à résoudre. Il avait dû renoncer à sa première stratégie qui était de recruter en interne, pour choisir de m'embaucher.

– Ce faisant, Marko avait généré un écart entre sa stratégie idéale et sa stratégie choisie, écart que nous notons $D_{stratégie}$ (idéale, choisie).

Et Merlin esquissa sur une feuille de papier la première ligne du tableau ci-dessous.

Distances cognitives *Distances relationnelles*	DIRIGEANT	DIRIGÉ
$D_{stratégie}$ (idéale, choisie) *$D_{stratégie}$ (conçue, annoncée)*	• On ne trouve pas en interne, il va falloir recruter en externe… • Cette présidence est une très belle opportunité pour vous !	• Cette opportunité est-elle celle qui me convient ? Comment savoir ? • J'accepterai après l'accord du conseil sur la stratégie proposée
$D_{consigne}$ (donnée, comprise) *$D_{consigne}$ (comprise, appropriée)*	• Faites-moi donc un audit pour que j'y voie clair ! • Après cet audit, il devra bien prendre la présidence…	• Cet audit me permettra de vérifier si mes craintes sont fondées… • … et, le cas échéant, de mettre le conseil au pied du mur
D_{moyens} (nécessaires, alloués) *D_{moyens} (alloués, utilisés)*	• Non sur la fermeture, mais vous aurez les effectifs pour continuer… • Il va falloir que je trouve quelqu'un d'autre pour le job	• La situation est trop dégradée donnez-moi les moyens de fermer ! • Ces effectifs ne changent rien à la question, je refuse la présidence !

Copyright G4 2007

Figure 12 – Un cas de recrutement

– Lors du premier entretien, Marko m'a tu l'historique de cette difficile recherche de candidat pour me vendre les bons côtés de la fonction.

– En te taisant certaines difficultés de la recherche de candidat, Marko a donc généré une première distance relationnelle : $D_{stratégie}$ (conçue, annoncée). Et, toi, dans quel état d'esprit étais-tu ?

– Cela ressemblait à une opportunité, mais un clignotant s'était allumé dans mon esprit. Je souhaitais en savoir plus sur la situation réelle de l'entreprise. J'ai dit que j'accepterais la présidence dès lors que le conseil d'administration aurait approuvé la stratégie que j'allais lui proposer. L'élaboration de cette stratégie présupposait naturellement que l'on me donne accès à la situation réelle de l'entreprise. Je pourrais ainsi vérifier si mes craintes sur l'entreprise étaient fondées…

– Au fond, tu voulais te garder la possibilité de refuser au cas où le conseil ne te donnerait pas les moyens demandés. Tu n'as donc pas, toi non plus, annoncé la totalité de ta stratégie. Ce faisant, tu as généré une distance relationnelle – $D_{stratégie}$ (conçue, annoncée) – symétrique.

– Oui. Mais Marko est devenu plus précis : « Cette société semble avoir été bizarrement gérée ! » m'a-t-il dit. « Peut-être ne m'a-t-on pas tout dit. Faites-moi donc un audit ! »

– Cet audit n'avait pas le même sens pour toi et pour lui.

– Lui voulait y voir clair. Pour moi, il s'agissait de vérifier s'il n'y avait pas anguille sous roche. Cette différence quant au sens à donner à l'audit élargissait entre nous deux une distance cognitive – $D_{consigne}$ (donnée, comprise).

– Une différence d'interprétation capable à son tour d'engendrer une distance relationnelle ! Car peut-être Marko souhaitait-il que tu mettes le doigt dans l'engrenage ? L'audit pouvait être une tactique pour t'engager dans un processus à l'issue duquel tu finirais bien par accepter la présidence…

– Ce qui était parfaitement légitime pour tout bon manager qui cherche à pourvoir un poste ! Mais, de mon point de vue, l'audit prenait un sens différent : il pouvait servir de prétexte à un éventuel refus. La deuxième distance relationnelle me séparant de Marko – $D_{consigne}$ (donnée, appropriée) – était donc en place.

Merlin compléta la deuxième ligne du tableau de la figure 12.

– Les résultats de l'audit dépassèrent ce que j'imaginais. Ils révélèrent des problèmes de marché, de personnel, de rentabilité. À tel point que je crus devoir préconiser une fermeture de l'activité. J'annonçai donc à Marko mon intention de soumettre cette proposition de fermeture au vote du conseil d'administration.

– Et alors ?

– J'ai senti que cela le dérangeait. Je ne sais pas pourquoi. Marko n'avait peut-être pas les coudées franches. Il m'a dit qu'il fallait absolument garder l'entreprise à flot et tout faire pour tenter de la sauver.

— L'intention était bonne !

— Certes, mais en l'occurrence je ne voyais pas comment faire ! Les quelques embauches que me proposait Marko ne changeaient rien à l'anémie du marché et, à mon sens, menaçaient même d'aggraver les pertes. Je demandais les moyens de fermer, et on me proposait des expédients pour continuer. Il y avait donc là une nouvelle distance cognitive : D_{moyens} (perçus comme nécessaires, alloués). Je me sentais incapable d'employer intelligemment ces effectifs au service d'un objectif dont, au fond, je doutais.

— Aussi as-tu refusé la présidence…

— Oui, en avouant à Marko que cette fois je n'avais ni l'envie, ni la compétence, de sauver l'activité.

— Et c'est cet aveu qui a permis à Marko de te proposer un nouvel emploi et de rétablir la confiance !

Sous la verrière du bureau paysager, les cadres souffraient en silence. Marin, lui, se sentait soudainement mieux.

— Je comprends maintenant comment le jeu des distances affecte le niveau de confiance que génère l'organisation…

— Oui, Marin. Plus précisément, chaque distance est liée à un type de confiance bien précis. Regarde le tableau 5 (page suivante).

— Je vois que les distances cognitives influent sur la confiance que nous pouvons avoir dans les capacités d'autrui, tandis que les distances relationnelles modulent le niveau de celle que nous pouvons placer dans sa volonté à effectuer telle ou telle action.

— Oui. Dans la mesure où l'autonomie dont nous disposons est proportionnelle à la confiance qu'autrui nous accorde, le jeu des distances a donc un profond impact sur les degrés de liberté dont chacun, dans l'entreprise, peut jouir.

— Ma parole, les distances offrent une nouvelle clé pour décoder les relations entre managers et subordonnés !

Tableau 5
Distances et confiance

Distances	Confiance dans…
$D_{stratégie}$ (nécessaire, conçue)	la capacité du manager à comprendre les enjeux de la situation
$D_{stratégie}$ (conçue, annoncée)	la volonté du manager à dire la vérité
$D_{consigne}$ (donnée, comprise)	la capacité des managés à comprendre ce qui se passe
$D_{consigne}$ (comprise, intégrée)	la volonté des managés à être loyaux
D_{moyens} (nécessaires, alloués)	la capacité de l'organisation à se donner les moyens de ses objectifs
D_{moyens} (alloués, utilisés)	la volonté de l'organisation à utiliser positivement les moyens confiés
$D_{résultats}$ (réels, identifiés)	la capacité de l'organisation à identifier les vrais résultats de ses actions
$D_{résultats}$ (identifiés, reportés)	la volonté de l'organisation à désirer apprendre de ses erreurs

Comment l'univers du management s'est-il fracturé ?

– Oui Marin. Il n'aura pas échappé à ta sagacité que le cycle de réforme est composé de deux demi-sphères, correspondant pour l'une au monde du manager et pour l'autre à celui des managés. La figure ci-après schématise cela, sous la forme d'un univers miroir[1]. Bien sûr, une personne donnée peut alternativement être dans une position de manager ou de subordonné.

1. Copyright G4 2007.

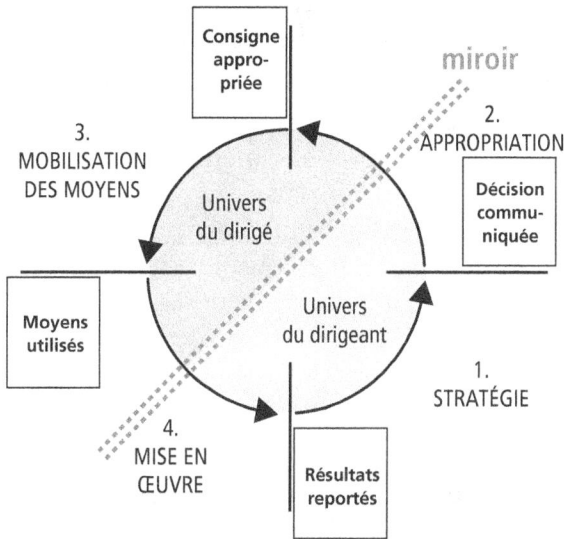

Copyright G4 2007

Figure 13 – Univers miroir

– Je vois que tu as schématisé le fonctionnement d'une organisation hiérarchique, dans laquelle le dirigeant analyse les résultats
reportés, en déduit une stratégie, et communique sa décision.
Le champ du dirigé, lui, commence à la réception de la
consigne pour inclure la mise en œuvre des moyens et la
production du reporting. Chacun détient sa moitié du puzzle !

– À la jonction de ces deux demi-univers se déploie le jeu des
distances. Naturellement, managers et subordonnés ne sont pas
seuls en lice et des parties tierces peuvent voir un intérêt à
intervenir de part et d'autre du miroir. Une manière fort prisée
est de chercher à modifier la longueur des distances…

– Du jeu des distances comme l'art suprême du lobbying !

– Oui. C'est ainsi, par exemple, que des pressions « amicales »
peuvent conduire un manager à refuser à une partie de ses
équipes les moyens qu'elles lui demandent et à élargir D_{moyens}
(nécessaires, alloués). Selon que les distances augmentent ou

diminuent, le fossé qui sépare managers et subordonnés se creusera en une profonde fracture ou se réduira à une simple paroi.

— Il s'agit bien, dans certains cas, d'une véritable fracture managériale ! renchérit Marin. Cette même fracture qui, *via* le jeu des distances, explique dans plusieurs pays occidentaux le désamour malheureusement grandissant des jeunes vis-à-vis de l'entreprise. Et qui, tendue entre les hommes politiques et les citoyens, rend en partie compte de la désaffection dont pâtissent les problèmes de la cité auprès des électeurs. Dis-moi, Merlin, avec ces cloisons de verre, univers miroir et autres fractures managériales, tu es en train de me décrire un véritable palais des glaces !

— Comme dans les palais de verre de nos fêtes foraines, il peut arriver que nous nous égarions dans les labyrinthes plus ou moins translucides de nos grandes organisations. Si proches en apparence, et pourtant isolés par d'infranchissables culs-de-sac, les managers et leurs collaborateurs perçoivent la réalité de l'entreprise au travers du prisme des distances, qui agissent comme autant de lentilles déformantes successives, propres à attiser les jugements et les phantasmes des uns et des autres…

Du cauchemar du dirigeant au cauchemar des dirigés

— … le cauchemar des dirigeants, par exemple, doit ressembler à quelque chose comme cela !

Visiblement en verve, Merlin croqua le schéma suivant.

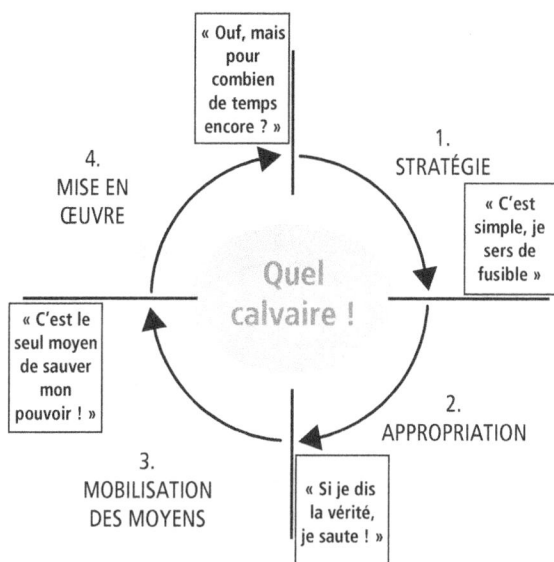

Figure 14 – Cauchemar du dirigeant

– La stratégie a été clarifiée une bonne fois pour toutes.
« Maintenant, c'est le temps de la mise en œuvre. D'ailleurs, j'en
sais bien assez ! La preuve : je ne pourrais pas dire l'intégralité
de ce que je sais sans sauter ! » Quant à l'appropriation,
parlons-en : « Je risque moi-même de servir de fusible ! Puis-je
vraiment en vouloir à certains de se moquer des consignes que
je leur transmets ? » Comment, en effet, parler des moyens
d'une stratégie quand les réorganisations sont d'abord perçues
comme le moyen de préserver, ou de construire, des sphères
de pouvoir ? « Des moyens, ils veulent toujours des moyens !
Mais cette fois ça suffit : il va falloir qu'ils les tiennent, leurs
objectifs ! » Seulement voilà, le reporting n'est pas fiable ! « Si au
moins on pouvait décider quelque chose d'intelligible avec
ça… »

Marin souriait à la verve de son ami.

– De l'autre côté du miroir, reprit-il doucement, volète un dirigé
papillon, qui pense en toute bonne foi qu'il n'y a pas de stratégie, mais tout au plus un beau discours, dénué des réalités du

terrain et à la limite de la langue de bois. Et le cauchemar du papillon peut parfois ressembler à ceci :

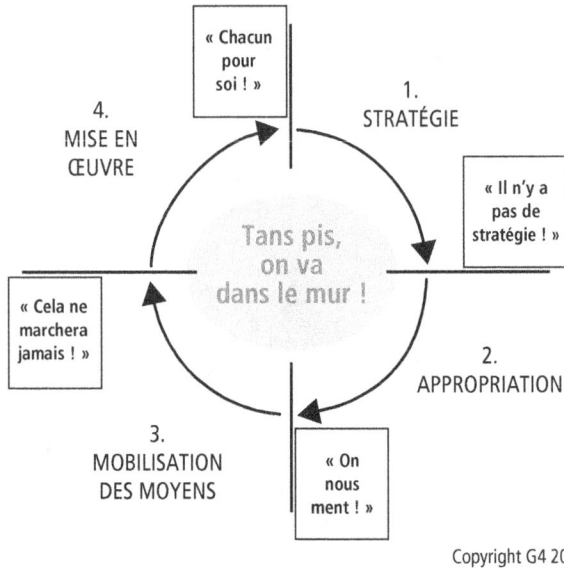

Figure 15 – Cauchemar du dirigé

- « Non seulement on nous ment, mais en plus ils veulent que nous sciions la branche sur laquelle nous sommes assis. Patience, cela ne marchera jamais, il n'y a pas les moyens ! L'important, c'est de gagner du temps. Ce petit chef n'est ni le premier, ni le dernier qui se cassera les dents : les résultats sont déjà exécrables, mais chut… Chacun pour soi. » Aveuglé lui aussi, le dirigé-papillon se cogne aux parois de sa prison de verre en regrettant son cocon de chenille.

- Tu vois, à la lecture de ces schémas, que les prisons dans lesquelles tournent en rond managers et collaborateurs sont symétriques. Les différences de perception de part et d'autre se renforcent mutuellement, attisent IJR et élargissent la fracture…

- C'est ainsi qu'un manager qui croit détenir et devoir marteler la « stratégie infuse », peut se créer des subordonnés insoumis qui l'enfermeront dans un isolement schizophrène. Symétrique-ment, les dirigés qui oublient de respecter un dirigeant-coach à l'écoute, s'attireront un patron autocrate qui les confinera à des tâches d'exécution procédurière !

– C'est cela. Mais maintenant que tous ces mécanismes sont clairs, quels conseils concrets vas-tu donner aux managers qui veulent créer de la confiance ?

– Je me doutais que tu me poserais la question. Alors, voici ce que j'ai préparé…

Conseils pour créer de la confiance :

– Rassurez ! Dites à autrui : « Je comprends tes problèmes. »

– Créez de la résilience. Aidez autrui à rebondir : « Je vais te montrer comment tu peux régler ces problèmes par toi-même. »

– Responsabilisez autrui. Dites-lui : « J'ai besoin de toi. »

– Créez des liens. Aidez autrui à briser sa solitude et à établir un réseau. « Tu n'es pas tout seul. »

– Et surtout… Ne mettez pas à profit la faiblesse d'autrui.

– Ma foi, je n'ai plus rien à t'apprendre, mon cher Marin.

– Ne dis pas ça ! Tu n'as nul besoin de prendre de précautions avec moi. Au contraire, préserve certaines leçons que j'ignore encore et je te maintiendrai, mon cher Merlin, toute ma confiance !

Résumé

* Le jeu des distances module le niveau de confiance que génère l'organisation.

* Les distances cognitives affectent la confiance que nous pouvons avoir dans les capacités d'autrui, tandis que les distances relationnelles modulent la confiance que nous pouvons placer dans sa volonté à effectuer telle ou telle action.

- Puisque l'autonomie dont nous disposons est liée à la confiance qu'autrui nous accorde, le jeu des distances a également un profond impact sur les degrés de liberté dont chacun, dans l'entreprise, peut jouir.

- Selon que les distances augmentent ou diminuent, le fossé qui sépare managers et subordonnés se creusera en une profonde fracture ou se réduira à une simple paroi.

- Managers et collaborateurs perçoivent la réalité de l'entreprise au travers du prisme des distances qui agissent comme autant de lentilles déformantes successives, propres à attiser les jugements et les réactions des uns et des autres… Jusqu'à, dans les cas extrêmes, menacer chacun de confondre la réalité avec ses phantasmes !

7

Comment détruire…
ou créer des valeurs ?

« Devine si tu peux, et choisis si tu l'oses. »
Pierre Corneille, *Héraclius*

*« Il vaut mieux être riche et bien portant
que pauvre et malade. »*
Sagesse populaire

– Dis-moi, Merlin, quel lien y a-t-il entre richesse et valeurs ?

– Tu demandes des choses fort savantes…

– C'est que nous avons vu, au chapitre précédent, que les distances modulent le niveau de confiance que génère une organisation. IJR est donc créateur ou destructeur de valeurs. Et je pressens que les choses ne s'arrêtent pas là…

– Tu as raison. IJR n'est pas seulement créateur ou destructeur de valeurs. IJR engendre ou dilapide de la richesse.

– Comment cela fonctionne-t-il ?

– Prenons un exemple. Je te propose de regarder très concrètement comment se crée la valeur d'un manager.

Combien vaut un manager ?

Le cas du manager qui ne savait pas ce qu'il valait

Paul est un cadre d'entreprise. Comme beaucoup de cadres, il ne sait pas précisément ce qu'il vaut. Pourtant, pour lui comme pour nous tous, il est important de savoir s'il est payé à sa juste valeur.

> Le salaire de Paul traduit la valeur que lui prête le marché. Mais comment se forme la valeur de Paul ? James Citrin et Richard Smith font remarquer[1] que la valeur d'un cadre est la somme de la valeur de son expérience et de la valeur de son potentiel.
>
> Ce qui signifie que le salaire qu'on offrira à Paul sera d'autant plus élevé que l'employeur mesurera qu'il a réalisé des choses remarquables dans le passé et qu'il aura confiance dans son potentiel à progresser encore.
>
> En début de carrière, le jeune diplômé n'a pratiquement pas d'expérience et son salaire reflète donc essentiellement la valeur de son potentiel. En vieillissant, c'est l'inverse, le potentiel diminue et la valeur de l'expérience augmente.
>
> L'expérience est en général mieux rémunérée que le potentiel, car on la mesure plus certainement. Les valeurs de l'expérience et du potentiel sont comme deux bourses de monnaie : le jeu consiste à remplir l'une avant que l'autre ne se vide.

– La comparaison est amusante, mais je ne vois toujours pas où tu veux en venir avec cet exemple, Merlin…

– Attends ! C'est pareil pour une entreprise. La valeur d'une organisation est également la somme de sa valeur d'expérience et de sa valeur de potentiel. L'expérience passée a permis d'acquérir des actifs. Le potentiel de l'entreprise doit permettre de dégager dans le futur des flux financiers. La valeur financière de l'organisation mesure sa capacité à produire des richesses, elle-même fonction des actifs achetés grâce à l'expérience passée et du potentiel de l'entreprise à mobiliser positivement ces actifs dans l'avenir.

---

1. *James M. Citrin et Richard A. Smith, The 5 patterns of extraordinary careers : the guide for achieving success and satisfaction,* Crown Business, 2003.

© Groupe Eyrolles

> Valeur : la valeur de l'entreprise est la somme de la valeur de son expérience passée et de la valeur de son potentiel.

- Je commence à comprendre. *A contrario*, une entreprise détruira d'autant plus de richesses qu'elle doit porter un poids important d'imperfections acquises et qu'elle appréhendera le futur.

- C'est exact. Le poids de ces imperfections historiques, ou incompétences acquises[1], peut être approché par les distances cognitives : la valeur d'expérience de l'entreprise sera d'autant plus faible que ces dernières seront importantes. Thornwald Veblen montre que les incompétences d'aujourd'hui sont les reliquats des succès d'hier. Un dirigeant fondateur énergique qui a démarré avec succès une entreprise peut ensuite, faute de bagage technique suffisant pour concevoir une stratégie adaptée, finir par détruire de la valeur. Du fait de la présence d'une distance cognitive – $D_{stratégie}$ (nécessaire, conçue) –, son entreprise vaudra moins, toutes choses égales par ailleurs, que celle du concurrent dont l'équipe de direction est au faîte de son art.

- Les distances cognitives limitent donc la valeur d'expérience d'une organisation. Mais qu'en est-il des distances relationnelles ? Il n'est que de voir les manœuvres auxquelles peuvent se livrer certains cadres pour comprendre que les jeux d'acteurs et les effets de « billard à trois bandes » minent la capacité d'une l'organisation à relever les défis qui sont les siens. En d'autres termes, les distances relationnelles limitent la capacité de l'entreprise à mobiliser ses compétences dans une stratégie créatrice de richesses. Elles détruisent sa valeur de potentiel, de la même façon que les distances cognitives minent sa valeur d'expérience. C'est lumineux !

---

1. Le lecteur désireux d'approfondir le principe des incompétences acquises pourra se reporter aux écrits de Thornwald Veblen.

– Oui Marin. Une façon simple de comprendre le rôle d'IJR est de se rappeler qu'il menace sans cesse de transformer en échecs les succès d'hier et de précipiter nos entreprises, de la naissance à la mort, dans un cercle vicieux analysable en quatre étapes :

- *Le décollage* : la stratégie de la jeune organisation permet de fédérer les énergies. Des processus sont déployés pour concrètement réaliser l'ambition initiale. Grâce à la séquence S'informer/Analyser/Décider, l'organisation devient de plus en plus efficace. IJR accélère la prise de décision. Les distances cognitives sont réduites, les distances relationnelles invisibles.

- *La complexification* : les processus de prise de décision et de contrôle des actions apparaissent de plus en plus clairement comme des enjeux en soi. Avec l'apparition des phénomènes de pouvoir, les distances relationnelles s'élargissent. La motivation baisse, les délais d'exécution augmentent, la qualité se détériore. Devenue plus complexe, l'organisation pousse à l'élargissement des distances cognitives.

- *Le blocage* : la complexité du système finit par dépasser les capacités de bonne exécution des acteurs. Pour simplement continuer à fonctionner, ceux-ci doivent désormais multiplier les manœuvres. Les distances relationnelles explosent et, avec elles, se rigidifie le jeu des acteurs qui, désormais, rend très difficile une résorption des distances cognitives. Toute réforme paraît impossible sans « casse sociale ».

- *Le rendez-vous* : la survie du système est en jeu. Il n'y a que deux issues : disparaître ou se réformer en profondeur. Dans ces périodes délicates, un enjeu essentiel est de savoir si la situation s'est suffisamment dégradée pour qu'une équipe de réformateurs puisse disposer d'une marge de manœuvre suffisante pour triompher des distances relationnelles engendrées par le jeu des acteurs.

– Si je te comprends bien Merlin, les organisations peuvent donc mourir de l'explosion de leurs distances relationnelles ?

– Oui, l'opportunisme a toujours un coût.

– Que veux-tu dire ?

L'opportunisme est un mauvais placement

– Dans les années 1970, aux États-Unis, Oliver Williamson a développé la théorie dite des « coûts de transaction »[1]. Il a notamment montré qu'on avait souvent tendance à négliger certains coûts « cachés » associés à de nombreuses transactions du monde de l'entreprise. Pour Williamson, l'une des sources les plus importantes de coûts de transaction est ce qu'il appelle *« l'opportunisme des acteurs »*. Par exemple, un acheteur de voiture qui s'inquiète de l'honnêteté de son vendeur, pourra être conduit à préférer acheter une voiture d'occasion bénéficiant d'une coûteuse garantie « pièces et main-d'œuvre ». La crainte de l'acheteur que le vendeur soit opportuniste a ainsi renchéri le coût de la transaction et, au final, détruit de la valeur.

– La démonstration de Williamson, transposée dans le contexte des relations intra-entreprise, permet de débusquer une nouvelle source de coûts de transaction : IJR !

– Peux-tu expliquer ?

– C'est facile : toute interaction entre deux cadres visant à réussir un changement dans l'entreprise peut être définie comme une « transaction ». Dès lors que l'un des deux ignore les intentions réelles de l'autre, juge que ce dernier peut être « opportuniste » pour parler comme Williamson, et réagit en exigeant de nouvelles garanties de la part de son interlocuteur, il va d'une façon ou d'une autre générer des coûts supplémentaires et détruire de la valeur.

– Bien vu, Marin ! En particulier, $D_{stratégie}$ (conçue, annoncée) et $D_{consigne}$ (comprise, appropriée) engendrent des coûts de transaction invisibles, mais tout à fait colossaux dans nos entreprises. Pense au coût de tous les projets voués à l'échec qu'on tarde à arrêter. On laisse engloutir pendant des années des sommes pharamineuses parce que certaines informations qui auraient permis de stopper les frais à temps sont restées

---

1. *Cf.* Olivier Willliamson, *Markets and Hierarchies : Analysis and Antitrust Implications*, New York : Free Press, 1975.

cachées pour d'obscures raisons interpersonnelles ! Souviens-toi du temps gaspillé dans d'inutiles procès d'intention ou de vaines négociations, rappelle-toi le poids financier de tous nos dispositifs juridiques, syndicaux ou sociaux et autres systèmes d'assurances ou de garanties visant à nous prémunir contre une possible « mauvaise foi d'autrui ». La liste est longue et il est acquis que ces coûts cachés pèsent un poids tout à fait pharaonique dans les comptes d'exploitation des entreprises.

— Les distances cognitives et relationnelles peuvent donc, si elles s'élargissent démesurément, finir par précipiter l'entreprise dans un véritable cycle de destruction de richesses[1]. Je représente ce cycle ainsi :

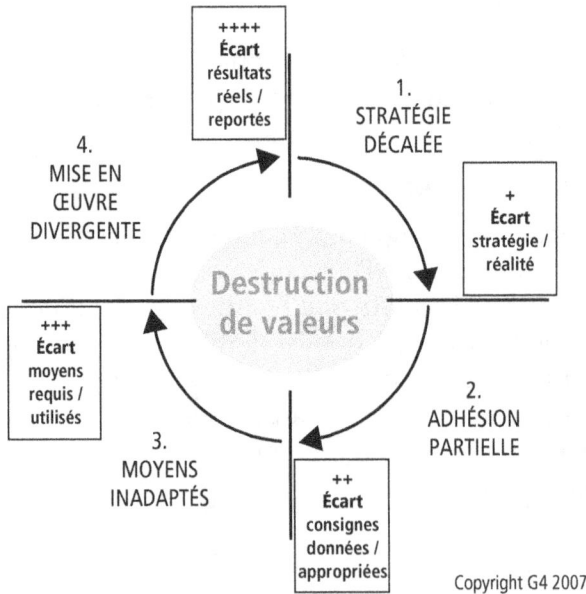

```
                    ++++
                    Écart
                 résultats          1.
                  réels /        STRATÉGIE
   4.             reportés        DÉCALÉE
 MISE EN
 ŒUVRE                                          +
 DIVERGENTE                                   Écart
                  Destruction               stratégie /
   +++             de valeurs                 réalité
  Écart
 moyens
 requis /                                      2.
 utilisés                                  ADHÉSION
       3.                                  PARTIELLE
     MOYENS            ++
    INADAPTÉS        Écart
                   consignes
                   données /
                  appropriées      Copyright G4 2007
```

Figure 16 – Cycle de destruction de richesses

— Ce schéma montre comment, concrètement, la richesse est détruite : la stratégie est décalée par rapport aux enjeux, les

---

1. Copyright G4 2007.

ordres sont de moins en moins exécutés, les moyens déployés de plus en plus déphasés par rapport aux objectifs et les résultats reportés de moins en moins fidèles.

- Et à chaque étape de ce cycle sont simultanément détruites de la valeur d'expérience et de la valeur de potentiel. Par exemple, une distance cognitive entre le résultat réel de l'action et celui identifié sur le terrain traduit une imperfection acquise des systèmes de reporting et donc une destruction de valeur d'expérience. Si ensuite, ce même résultat identifié n'est qu'incomplètement reporté, par crainte de la réaction d'un tiers, la distance relationnelle générée interdira à l'organisation de mobiliser ses compétences pour corriger la situation. Elle détruira donc de la valeur de potentiel.

- L'imperfection d'hier et la peur de la réaction de demain sont donc les catalyseurs de la richesse détruite aujourd'hui. Ce sont bel et bien les mêmes forces qui, simultanément, minent la confiance et détruisent de la richesse. Les distances : voilà la réponse à ma question initiale sur le lien entre richesse et valeurs.

- Ce qui suggère le pari d'un corollaire doublement lourd de sens : *la confiance favorise l'enrichissement ; l'appauvrissement mine la confiance.* Cette seconde proposition me paraît particulièrement importante. Dans les sociétés qui s'appauvrissent et en vertu de la règle selon laquelle la croissance des distances cognitives laisse davantage de champ au jeu des acteurs, les valeurs de l'entreprise se dégradent, le climat social se détériore, la motivation baisse, l'absentéisme augmente, la conflictualité grandit, l'insécurité se développe.

- À l'autre extrême, les sociétés riches, elles, se focalisent sur l'art, noble entre tous, de la prise de décision. Le véritable enjeu de nos trente glorieuses, c'était de Percevoir/Décider/Constater. *« L'intendance suivra ! »* disait de Gaulle. Les exécutants s'occupaient de la réduction des distances cognitives, les organisations négligeaient IJR… Les perspectives de création de richesses ouvertes par la réduction des seules distances cognitives étaient tellement larges qu'il paraissait anecdotique que l'imperfection de la stratégie, de l'organisation et du reporting puissent un jour ouvrir un champ trop large aux manœuvres tacticiennes…

- Le développement d'une intense concurrence mondiale a changé la donne. Là où apparaît la menace de pertes grandissantes et surgissent les plans de réduction de coûts, explosent également les peurs individuelles. « À quand mon tour ? » Rien n'est plus pressé que de manœuvrer pour échapper aux restrictions et l'intendance ne suit plus. Les réactions IJR se multiplient et, avec elles, les distances relationnelles qui détruisent de la confiance. L'érosion des valeurs détruit de la richesse et l'appauvrissement mine les valeurs.

- Ce qui me paraît particulièrement grave, c'est que *plus le système tourne, plus il est difficile de l'enrayer*. Parce que les distances grandissent d'une étape à l'autre et s'accroissent en chaîne, mais aussi parce que les distances relationnelles freinent la correction des distances cognitives. Il est enfantin de corriger une stratégie sur le papier, mais fort délicat de reconnaître une erreur en public. Pas facile, par exemple, de revenir sur un discours de présentation d'objectifs. Il est douloureux pour n'importe qui de tailler dans le vif d'une organisation, mais presque impossible de le faire pour un réformateur qui tient son pouvoir de lobbies dispersés et contradictoires.

- D'où une troisième règle régissant ce cycle de destruction de richesses : *plus le système tourne, plus les marges de manœuvre individuelles rétrécissent*. Cela commence tout doucement : un dirigeant qui se contente d'une stratégie trop générique suscitera le scepticisme. Puis il devra, pour préserver sa marge de manœuvre, donner des gages à ses alliés… et constater que son champ d'action s'est considérablement rétréci. Avec la divergence progressive des intérêts en présence, tout le monde risque de finir otage de tout le monde. Jusqu'à ce que le meilleur moyen de rester au pouvoir soit de singer le pouvoir…

- … et que le meilleur moyen de conserver son emploi soit de singer l'obéissance. C'est-à-dire jusqu'à la suppression de toute marge de manœuvre de part et d'autre. Serait-il excessif d'affirmer qu'*on finit otage de la distance qu'on a créée ?* La dissimulation n'y change rien. Par exemple, un dirigeant qui, pour réunir une majorité de circonstance, se rallie des alliés complaisants mais incompétents, condamne à terme son projet à l'échec. Jusqu'à ce que sa seule issue soit de tenter d'échapper au problème en changeant de fonction, quitte à laisser à son successeur le soin de faire le ménage…

– … au risque de découvrir, dans son nouvel emploi, qu'il succède à quelqu'un qui a fait le même calcul ! Dans ce type d'organisations, aux antipodes d'un art de la prise de décision, le management se réduit à une technique de survie, un simple savoir-faire manœuvrier. Mais *le désir de cacher le phénomène l'accélère.* Ce pourrait être une cinquième règle. Plus la communication de la stratégie sera parcellaire, plus son appropriation sera difficile ; plus le reporting sera tronqué, plus la stratégie sera arbitraire.

– Les problèmes deviennent alors d'une complexité quasi insurmontable. L'organisation coûte de plus en plus cher. Les clients s'en vont. L'entreprise perd de plus en plus d'argent. *Tout finit par devenir visible.* Les plans de relance avortent en réorganisations qui, sans impact sur le fond, paraissent de pure forme. En bref, les solutions apparaissent de plus en plus irréalistes.

– *La limite est financière et sociale.* Le poids des pertes financières et la montée des troubles sociaux viennent alors opportunément attester de la présence, devenue pathogène, du système d'ondes de choc. Au bon médecin d'oser se réjouir de mettre au jour un symptôme et d'avoir la sagesse de ne pas le confondre avec la maladie.

– Cette interférence, de plus en plus prégnante, des rapports de force dans la conduite de l'action apparaît comme l'une des caractéristiques essentielles du cycle de destruction de richesses. Le tableau 6 détaille les problèmes concrets qui se posent alors au manager à chaque étape du processus de réforme.

Tableau 6
Problématique du réformateur

	Problèmes du réformateur
Stratégie	– Ai-je toutes les informations nécessaires ? M'en cache-t-on certaines ? Ne vais-je pas découvrir plus tard de nouveaux loups ? – Suis-je, à mon insu, l'enjeu d'intérêts particuliers que j'ignore ? Qui est l'allié de qui ? – Mon action ne va-t-elle pas susciter un tollé ? Comment élaborer une stratégie qui intègre les rapports de force ? Quels sont les profils de risques de mes options ? – Où trouver les moyens de démêler un écheveau aussi compliqué tout en contrôlant l'organisation et en gérant le fil de l'eau ?
Appropriation	– Qu'est-il nécessaire de révéler de désagréable pour convaincre de la nécessité de la réforme ? À qui ? Par qui ? Sous quelle forme ? Dans quel timing ? – Que taire pour ne pas étouffer la réforme dans l'œuf ? – Comment répondre pour préserver la confidentialité de certaines informations ? – Comment doser la communication pour ne pas finalement me retrouver marginalisé ou otage ?
Moyens	– Comment regagner du contrôle sur cette organisation ? – Où trouver les moyens de remplir ma mission ? – Quels compromis organisationnels accepter pour sauver la mission ? – Quels compromis organisationnels refuser pour ne pas finir otage ? Comment les refuser ?
Mise en œuvre	– Comment garder le cap au milieu de tous ces événements inattendus ? – Comment garder les équipes motivées et réactives ? Que récompenser ? – Quels hors-jeu siffler ? Comment être au courant ? Jusqu'où céder pour sauver ma marge de manœuvre ? – Jusqu'où ne pas trop céder pour sauver l'essentiel de la réforme et ne pas me condamner moi-même ?

- Ce tableau résume les difficultés inhérentes au processus de réforme. Les distances cognitives sont inévitables dans la mesure où les hommes n'améliorent leurs solutions qu'au fil du temps. Quant aux distances relationnelles, elles tiennent à nos mécanismes d'ignorance, de jugement et de réaction, eux-mêmes légitimement favorisés par la présence des distances cognitives.

- Tu perçois mieux à quel point ce jeu est un jeu sans coupables. Les responsabilités sont tellement systémiques et enchevêtrées que nous sommes solidairement responsables des ondes de choc que nous générons. Consciemment ou inconsciemment.

- Je pressens, à la lecture de ce tableau, qu'un jour viendra où, pour simplement survivre à la concurrence, les sociétés saines devront voir dans IJR, non plus un simple facteur d'accélération de la prise de décision à court terme, mais un extraordinaire gisement de création de valeurs et de richesses à long terme. Quelles magnifiques opportunités que l'introduction de ce livre mettait déjà en exergue !

Le mariage des hommes et de la finance

- Oui, Marin. Nous avons déjà consacré, avec des résultats remarquables, les deux dernières décennies au reengineering de nos processus industriels. L'une des conséquences les plus significatives de ce travail fut, dans nombre d'entreprises, la réduction significative des distances cognitives.

- Pourquoi ne ferions-nous pas de même aujourd'hui avec les distances relationnelles ? Leur diminution, même légère, créerait une richesse supplémentaire considérable !

- Les entreprises qui découvriront de nouvelles solutions, au cœur de l'homme et des méthodes de management, créeront non seulement de la richesse mais également de nouvelles valeurs. C'est tout l'objet de la suite de notre discussion et de ce livre.

- Je pressens donc l'existence d'un cycle de création de valeurs…

– Ce cycle de création de valeurs[1] correspond à un véritable
retournement du cycle de destruction de richesses. C'est un
processus par lequel les distances, cognitives et relationnelles,
se réduisent à chaque étape et diminuent à chaque tour. Je le
représente ainsi :

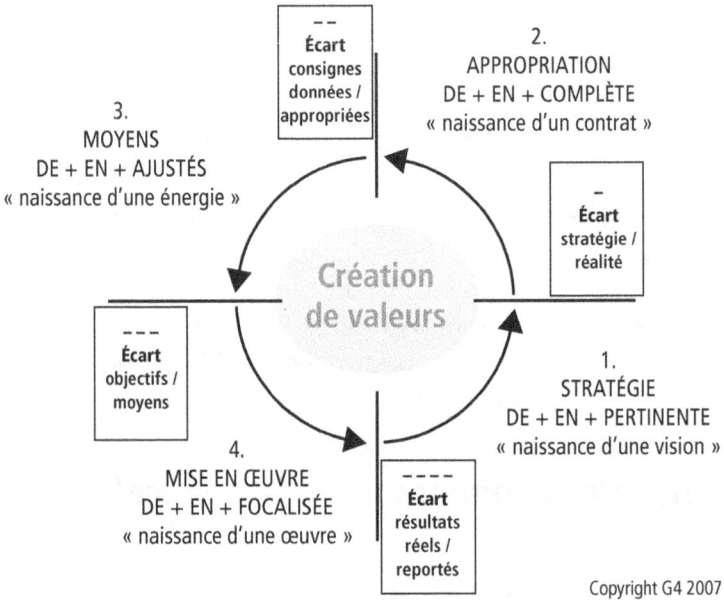

Figure 17 – Cycle de création de valeurs

– Parce que la stratégie « colle » de mieux en mieux à la réalité,
une vision peut naître. Cette vision, davantage pertinente, favorise l'émergence d'un véritable contrat social entre des équipes
d'hommes et de femmes. Soudées, ces équipes ont à cœur de
réduire les écarts entre le discours et la réalité. Les bonnes idées
sont immédiatement testées et les moyens ajustés aux objectifs.
Une énergie se développe. Les impasses sont reconnues
comme telles et délaissées, la mise en œuvre gagne en focali-

---

1. Copyright G4 2007.

sation. Sur les voies les plus prometteuses, l'effort ne pèse plus. Chaque jour, le reporting témoigne des progrès de la construction.

– De la naissance d'une vision, à celle d'un contrat ; de la naissance d'un contrat à celle d'une énergie ; de la naissance d'une énergie à celle d'une œuvre ! L'image est jolie...

– Mais l'effort est très prosaïque ! Il s'agit, à chaque étape, de trouver des *moyens concrets* pour réduire les écarts entre :

  • les impératifs de la réalité et la stratégie communiquée ;

  • les objectifs donnés et les mots d'ordre achetés par les équipes ;

  • les moyens requis par l'atteinte des objectifs et ceux effectivement déployés ;

  • les résultats réels et les résultats reportés.

– Comment est-ce possible, Merlin ?

– Ce sera désormais tout l'objet de ce livre que d'y réfléchir. Attachons-nous d'abord à préciser les caractéristiques de ce cycle de création de valeurs. Tu devines que sa mise en place ne peut résulter que d'un processus extrêmement graduel...

– Oui, on ne peut réduire une distance cognitive qu'à proportion de la marge que laisse le jeu des acteurs. La pelote se desserre progressivement... Avec des résultats plus en phase avec les objectifs initiaux et un reporting reflétant mieux la réalité, non seulement des résultats, mais de leurs causes, les mesures correctives du deuxième tour seront plus faciles à mettre en œuvre.

– Peu à peu la qualité de service s'améliore, les clients sont fidélisés et les ventes augmentent. Les prix de revient diminuent. Les solutions apparaissent de plus en plus à portée de main.

– En vertu de la règle selon laquelle la réduction des distances cognitives facilite celle des distances relationnelles, le climat social s'améliore, la motivation augmente, l'absentéisme diminue, la conflictualité régresse, l'insécurité décroît.

- En somme, la *réduction des distances produit des richesses matérielles, en même temps qu'elle conforte les valeurs de l'organisation.*

- On a davantage à partager et on hésite moins à le faire. L'accroissement simultané des richesses et des valeurs *permet l'élargissement des marges de manœuvre individuelles.*

- Ce qui implique que, *plus le système tourne, plus il est facile de l'entretenir.* Les hommes s'engagent solidairement dans le comblement de nouvelles distances, qu'ils ont dorénavant les moyens de résorber.

- Les échecs sont moins douloureux à mettre sur la table… *De nouvelles vérités se fraient un chemin*, qui engendrent de nouvelles réussites. *Les relations entre les différents acteurs deviennent plus transparentes.*

- Et, au bout d'un moment, le chemin s'aplanit. Les grandes réformes s'effacent pour céder la place à des séries de micro-changements indolores.

- Comment s'y prendre ?

- Voici quelques suggestions pour créer des valeurs financières *et* relationnelles…

Conseils

- Pour réduire les distances relationnelles, augmentez la transparence. Transparence sur les objectifs, transparence sur les difficultés, transparence sur les échecs, transparence sur les micro-réussites du quotidien qui restent le plus souvent inconnues.

- Ne brûlez pas les étapes, la transparence ne se décrète pas en un jour.

- Prenez l'initiative ! Partagez vos objectifs et vos informations, puis invitez autrui à donner son propre point de vue et à challenger le vôtre…

- Si le don est payé de retour, si autrui dévoile des informations, continuez à partager encore plus : faites monter les enchères !

- S'il n'est pas payé de retour, arrêtez aussitôt.

- Voici une vision exaltante, mais je devine que le chemin est long et semé d'embûches. Il est si facile de retomber dans les jeux tactiques traditionnels, que le vertige de la rechute guette à chaque pas !
- … c'est pourquoi j'ai donné le nom de « grand huit » au schéma suivant.

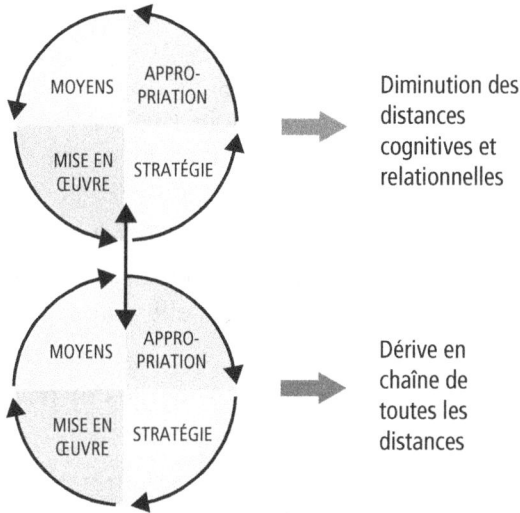

Figure 18 – Grand huit

- Je vois qu'il s'agit d'une représentation des cercles vertueux et vicieux entre lesquels toute organisation est ballottée. Ou les distances s'accroissent, ou elles se réduisent. Ou la confiance augmente ou elle s'érode. Le passage d'un cercle à l'autre est possible dans les deux sens.
- Le temps est la principale cause de toute descente aux enfers. C'est lui qui cristallise les succès d'autrefois en incompétences acquises, c'est-à-dire en distances cognitives, et en guerres de position, c'est-à-dire en distances relationnelles.
- Et le temps est également la cause de toute prise de conscience et l'opportunité de chaque remontée vers le cercle supérieur. Tout se rejoue à chaque instant.

– Chaque geste posé au présent, qui réduit un peu les distances cognitives d'hier et désamorce de possibles jeux d'acteurs futurs, est producteur de confiance et de richesse.

– Une publicité récente de La Poste résume cela de fort jolie manière : « La confiance, c'est d'aller là où vous êtes, à chaque instant. »

Résumé

* Le cycle de destruction de richesses est un processus au cours duquel les distances cognitives et relationnelles augmentent à chaque étape et grandissent à chaque tour. Il présente des caractéristiques précises :

  – la croissance des distances détruit des richesses matérielles, en même temps qu'elle sape les valeurs de l'organisation ;

  – plus le cercle tourne, plus les marges de manœuvre individuelles rétrécissent ;

  – les hommes deviennent solidairement otages des distances qu'ils ont agrandies ;

  – plus le cercle tourne, plus il est difficile de l'enrayer ;

  – le fossé entre les acteurs grandit ;

  – les échecs finissent par être visibles ;

  – la limite est financière et sociale : un jour la réforme s'annonce inévitable.

* Le cycle de création de valeurs est un processus par lequel les distances cognitives et relationnelles se réduisent à chaque étape et se résorbent à chaque tour. Il présente aussi des caractéristiques précises :

  – la réduction des distances produit des richesses matérielles, en même temps qu'elle conforte les valeurs de l'organisation ;

  – plus le cercle tourne, plus les marges de manœuvre individuelles augmentent ;

- les hommes s'engagent solidairement dans le comblement de nouvelles distances ;
- plus le cercle tourne, plus il est facile de l'entretenir ;
- les relations entre les acteurs deviennent plus directes et transparentes ;
- de nouvelles vérités apparaissent sur la table, permettant de nouvelles réussites ;
- les réformes sont des séries de micro-changements qui passent presque inaperçus.

8

Comment brouiller...
ou bâtir du sens ?

> « L'usine de Daimler en Afrique du Sud avait un taux
> de productivité parmi les plus faibles du groupe. Le directeur
> est descendu dans les ateliers et a demandé aux ouvriers
> – Que voulez-vous vraiment faire ?
> – Une Mercedes pour Mandela.
> – Eh bien, soit, faites une Mercedes pour Mandela !
> La voiture fut construite en un temps record et
> depuis, l'usine exporte ses voitures. »[1]

> « Les journaux titrent plus souvent sur la mort
> des grands hommes que sur leur naissance. »
> Constat de sagesse populaire

C'était l'été indien. Marko, Merlin et Marin, attablés à une terrasse, dégustaient un café. Marko parlait fort.

– J'en ai marre !

– De quoi, Marko ?

– C'est à n'y rien comprendre : je trace un cap, mais le bateau s'en écarte obstinément. Courants de traverse, marées, équipements, chacun a une bonne raison pour justifier que nous ne puissions pas suivre la route prévue. Pourquoi est-il si difficile à une organisation d'atteindre les buts qu'on lui fixe ?

La main qui s'était envolée pour mimer le parcours sinueux d'un bateau dans la tempête, renversa le café. Un éventail de liquide noir s'évasa sur la nappe en direction de Marin.

---

1. Source : *Enjeux Les Echos*, n°212, avril 2005.

– Qu'en penses-tu Marin ?

Marin ne répondit pas. Son doigt traçait des sillons dans le café renversé. L'éventail s'élargit en direction de Marko et prit la forme d'un diabolo. Ce fut Merlin qui parla :

– Parfois ce sont les actions, d'autres fois ce sont les buts qui se perdent dans le sable. Nous sommes tous, à tour de rôle, pris dans l'étranglement du sablier.

– Qu'est-ce que le sens, Merlin ? demanda Marko.

– Manfred Kets de Vries, après avoir enseigné à Harvard et à l'École des Hautes Études Commerciales de Montréal, est aujourd'hui professeur à l'INSEAD à Fontainebleau. Il affirme quelque chose de très simple : « *On a besoin de s'investir dans des questions et des actions dont on perçoit la valeur et qui ont un impact positif.* »[1]

– Pour Kets de Vries « *cet investissement (…) est inévitablement une affaire très subjective* »[2]. En pratique, c'est loin d'être évident à réaliser. Il faut, non seulement attribuer une valeur à ce qu'on fait dans l'instant, mais en outre constater ce fameux impact positif dans le temps !

– Or la réalité des managers d'aujourd'hui leur interdit souvent l'un et l'autre. Prenons l'exemple de Daniel.

Concilier stress et création de sens

Le cas de Daniel, un manager sous pression

Daniel est chef de projet informatique dans une importante société qui vend de la conception de sites Internet et divers services en ligne. Sa mission est d'adapter le système d'information commercial au lancement de chaque nouvelle offre.

---

1. Manfred Kets de Vries, *Combat contre l'irrationalité des managers*, Paris, Éditions d'Organisation, 2002, traduit de *Struggling with the Demon : Perspectives on Individual and Organizational Irrationality*.
2. *Ibid.*

Daniel est évalué sur la tenue des coûts, le bon fonctionnement de l'informatique et le respect des délais. La pression
sur Daniel est énorme : 900 commerciaux attendent le
produit à date fixe. La rémunération des commerciaux est
100 % variable et, pour eux, pas question que Daniel prenne
du retard.

Or Daniel est à deux doigts de la crise de nerfs. La direction
marketing, qui doit lui fournir trois mois à l'avance le détail
des évolutions de l'offre, a communiqué ses spécifications fin
janvier seulement. Avec un mois de retard sur le planning
initial ! Les concurrents avaient lancé de nouveaux produits
et le comité de direction avait dû demander au marketing de
revoir sa copie.

On n'est plus qu'à deux mois de la date théorique de
livraison du logiciel. Daniel n'a pas le choix : il lui faut développer en huit semaines ce qui en nécessiterait douze. Seule
issue, faire des impasses et mettre la pression sur son équipe
et ses sous-traitants.

Daniel peut-il, sous la pression, « créer du sens » ?

— Dans la réalité Daniel dut réviser ses choix, reprit Marin. À
  quels développements renoncer ? Il lui fallut renégocier avec
  les sous-traitants.

— Pas facile pourtant de leur dire « il faut que vous développiez
  autant, mais 50 % plus vite ! »

— C'est pourtant ce que fit Daniel. Les coûts des sous-traitants
  explosèrent. Le budget de Daniel aussi. Il dut procéder à de
  nouveaux arbitrages et faire de nouvelles impasses. Son stress
  augmenta encore : le produit allait-il tourner ? Le jour du lancement, le système d'information n'était pas prêt. Daniel se faisait
  enguirlander chaque jour au téléphone. Il finit par accepter un
  nouveau surcoût de ses sous-traitants et livra avec une semaine
  de retard… Pas de chance pour lui, les premières démonstra-
  tions aux clients furent un échec retentissant : le produit dut
  être rappelé ! Les nouvelles modifications prirent deux

semaines pendant lesquelles les commerciaux restèrent l'arme au pied.

– Daniel avait échoué sur ses trois objectifs, conclut Marko. Non seulement la qualité du produit à la livraison n'avait pas été bonne, mais les budgets n'avaient pas été tenus ni les délais respectés.

– Quelle conclusion tires-tu de ça ? demanda Merlin à Marin.

– Daniel, en bon professionnel, éprouvait habituellement une certaine fierté à organiser soigneusement son travail. Il fut pourtant contraint d'improviser sous la pression – jusqu'à devoir dégrader la qualité de sa production et à se mettre en situation d'échec. Pas facile dans ces conditions de pression intense de garder le sentiment – selon le mot de Kets de Vries – de « s'investir dans des actions dont on perçoit la valeur et qui ont un impact positif ! ».

– Veux-tu dire qu'aux yeux de Daniel son travail perdit du sens ?

Utopies pour créer du sens

– Pas trop vite ! se récria Marko. Si l'on veut que son travail garde un sens, il convient d'abord de se donner les moyens d'atteindre ses objectifs…

– Ce qui correspond à une vision téléologique de la notion de sens, dit Merlin. Selon cette conception, la vie d'un individu prendrait du sens dès lors qu'il est capable de se définir un but, de se donner les moyens d'y parvenir et de progresser selon une trajectoire. Comment l'entreprise aurait-elle dû s'y prendre, Marko ?

– En ajustant les fins et les moyens en une véritable chaîne permettant d'assurer le succès de tous.

– Projet, vision stratégique, mission ou même « *strategic intent* », sont en effet des mots qui fleurissent pour promouvoir l'alignement des ressources de l'organisation au service d'une finalité. Mais examinons concrètement, sur notre exemple, la portée réelle de cette vision téléologique. À quoi ressemble la chaîne des moyens et des fins[1] de cette entreprise dans ce cas précis, Marin ?

> **Chaîne des moyens et des fins d'une organisation :** une entreprise peut créer du sens en définissant une séquence de moyens permettant d'atteindre des fins de plus en plus élevées.

– Pour commercialiser le produit à la mi-mai, il faut que la formation des vendeurs ait démarré six semaines plus tôt, soit aux alentours de la fin mars. Ce qui présuppose que le système d'information commercial soit opérationnel dès la mi-mars et que les sous-traitants soient briefés début janvier. Il est donc impératif que le marketing fournisse ses spécifications à la fin de l'année précédente.

– Et pourquoi la commercialisation du produit doit-elle démarrer à la mi-mai ?

– Pour tenir les objectifs annuels de profit. C'est sur cette base que le budget a été construit.

– Bien, la chaîne des fins et des moyens de cette entreprise devrait donc ressembler à ceci :

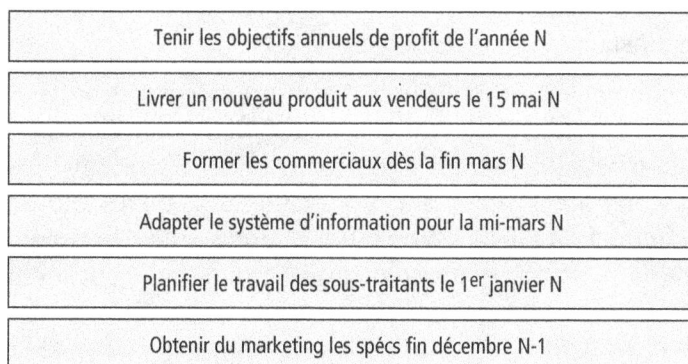

> Tenir les objectifs annuels de profit de l'année N
>
> Livrer un nouveau produit aux vendeurs le 15 mai N
>
> Former les commerciaux dès la fin mars N
>
> Adapter le système d'information pour la mi-mars N
>
> Planifier le travail des sous-traitants le 1er janvier N
>
> Obtenir du marketing les spécs fin décembre N-1

Copyright G4 2007

Figure 19 – Chaîne des fins et des moyens d'une organisation

---

1. Copyright G4 2007.

– Voilà une chaîne somme toute assez classique. De nombreuses entreprises pourraient la revendiquer, et pourtant elle est largement utopique !

– Pourquoi donc Merlin ?

– Parce que la chaîne des fins et des moyens globaux de l'organisation ne se décrète pas ! Dans notre exemple, le comité de direction lui-même n'était pas en mesure de la faire respecter, puisqu'il dut demander au marketing de « revoir sa copie » et que tout ce beau schéma devint caduc !

– Je comprends ce que tu veux dire : on ne peut parler que de chaînes individuelles de fins singulières et de moyens spécifiques. Daniel, pour être un bon professionnel, voulait planifier son travail à trois mois. Chaque individu a ses désirs et ses contraintes. Il a sa chaîne personnelle. C'est l'interaction de toutes les chaînes individuelles qui construit la chaîne résultante par laquelle l'organisation se verra finalement dotée de fins, plus ou moins partagées, et de moyens, plus ou moins cohérents avec ces fins.

– Oui, le processus par lequel cette résultante est finalement engendrée – au gré d'un nombre incalculable d'interactions – est largement inconscient.

– Inconscient ? Tu exagères !

– Comment pourrait-il en être autrement ? Nous ne connaissons le jeu que des acteurs les plus proches de nous dans l'organisation. Et encore ne percevons-nous d'eux que les fins et moyens qu'ils nous ont, volontairement ou involontairement, divulgués. Nous n'avons conscience que de fragments de chaînes. Cette méconnaissance nous ôte toute chance de prédire avec certitude les conséquences de nos actions sur les chaînes des autres. Dans notre exemple, le comité de direction pouvait, en toute bonne foi, croire que la demande faite au marketing de « revoir sa copie » serait sans effet sur la date de lancement. Il ne pouvait tout simplement pas, techniquement, prévoir la résultante d'un jeu systémique d'interactions incroyablement complexes. Le sens, conçu comme l'alignement de moyens au service de fins, est donc une notion excessivement fluctuante et relative, puisque ni le dirigeant, ni le dirigé, ne peuvent connaître la chaîne résultante dans sa totalité.

– Attends, je croyais que le dirigeant définissait les maillons du haut et le dirigé les maillons du bas !

– Erreur. Sais-tu ce que veut le dirigeant de l'entreprise, Marin ?

– Assurer la pérennité de l'entreprise… entre autres choses.

– Et toi Marko, peux-tu dire ce que veut réellement le dirigeant ?

– Satisfaire l'actionnaire, entre autres choses…

– Soit. Ce n'est donc pas si simple ! Sans compter que le dirigeant ne sait pas tout ce que souhaite l'actionnaire… Et l'actionnaire n'est pas le seul à peser sur la résultante des fins et des moyens ! Le jeu complexe des marchés et de la concurrence lui échappe très largement. Si bien que la hiérarchie des maillons supérieurs de notre chaîne reste en partie indéfinie.

– Peux-tu nous donner un exemple ?

– L'homme est-il au service de l'économie ou l'économie au service de l'homme ? Il n'est qu'à voir aujourd'hui comme il est difficile de hiérarchiser finalités économiques et sociales pour concrètement prendre des décisions de management !

Là-dessus Marin et Marko étaient tous deux d'accord.

– Est-ce à dire que les maillons inférieurs seraient plus faciles à cerner ? questionna Marin.

– Pas vraiment. Le dirigé n'a pas le pouvoir de les définir. Daniel, par exemple, ne pouvait forcer le marketing à livrer ses spéci-fications au 31 décembre. Le décideur, lui non plus, ne peut pas entrer dans le détail de tout le jeu systémique qui les engendre. Surtout si son organisation est grande. Les deux bouts de la chaîne sont donc bel et bien inconnus, tant aux diri-geants qu'aux dirigés.

– Cette chaîne unique des fins et des moyens de l'organisation se révèle donc n'être qu'une abstraction commode ! De même, la vision téléologique du sens comme cheminement vers une fina-lité préétablie…

– Oui. Dans la pratique, chaque individu est porteur d'une petite séquence de fins individuelles et de moyens spécifiques et c'est le brassage de toutes ces séquences singulières qui décide de l'évolution des fins et des moyens collectifs de l'organisation.

– De ce point de vue, l'entreprise serait donc une sorte de « marché » où les individus échangent de l'information sur leurs séquences individuelles de fins et de moyens.

– Exactement. Même si, vu de loin, ce marché peut paraître flou et chaotique. Car l'information échangée porte sur des « produits » mal définis. Chaque individu, vous, moi, nous ne sommes conscients que d'un fragment de nos propres chaînes de moyens et de fins. Du fait de notre rationalité limitée, il arrive par exemple que nous n'ajustions pas nos moyens aux fins que nous prétendons avoir. C'est le cas d'une personne malheureuse dans sa situation professionnelle, qui ne se met pas à rechercher un autre emploi. Symétriquement, nous commettons parfois certains actes sous le coup d'une impulsion, de la colère ou du désir, sans être capable d'expliciter une finalité rationnelle au nom de laquelle nous aurions agi. James March a écrit que nous agissons *« sans préférences préétablies »*[1]. Pourquoi pensez-vous que les individus n'ont de leurs finalités qu'une vision au mieux brouillée ?

– À cause d'IJR ! répondit Marin sans la moindre hésitation.

– Peux-tu expliquer ?

– Puisque nos préférences se forgent dans l'action, nous ignorons qui nous sommes en train de devenir. Par exemple, cette personne malheureuse dans sa situation professionnelle n'est pas capable d'articuler clairement ce vers quoi son inaction la mène. Elle jugera pourtant mal venu le conseil de l'ami qui lui « veut du bien » et réagira en exigeant qu'on ne se mêle pas de ses affaires. De jugements en réactions, nous nous coupons des signaux que nous envoie l'environnement, jusqu'à oublier encore plus qui nous sommes.

– Bravo Marin, IJR brouille la vision qu'ont les individus de leurs fins, approuva Marko. Et ce qui est vrai des individus l'est aussi des organisations : des facteurs puissants limitent la capacité de

---

1. Thierry Weil, *Invitation à la lecture de James March*, Paris, Les Presses de l'École des Mines, 2000.

ces dernières à se définir une finalité et à en délivrer la réalisation.

- Quels sont ces facteurs Marko ?

- Les distances cognitives et relationnelles, pardi ! Pas facile de définir une vision quand, du fait de l'empilement des distances cognitives, l'organisation peine à concevoir la solution la plus adaptée. Pas facile de mettre en œuvre un programme d'actions quand, du fait de l'empilement des distances relationnelles, les jeux d'acteurs viennent tout faire capoter. Les distances cognitives freinent la capacité de l'organisation à construire une finalité pertinente et les distances relationnelles sa capacité à l'atteindre !

- Bravo à tous les deux ! Finalités individuelles brouillées, finalités collectives incertaines, décidément ce fameux brassage des chaînes individuelles apparaît bien problématique… Parfois les finalités apparaissent même tellement inaccessibles, qu'on finit par abdiquer toute tentative d'en définir une.

- À quoi penses-tu, Merlin ?

- Regarde ces dirigeants qui, par crainte d'être démentis par les faits, n'osent plus proposer qu'un discours générique, à mille lieux de l'expérience de ceux qu'ils gouvernent. Vois ces employés qui disqualifient d'emblée tous les rêves qu'on leur propose, les estimant « hors de portée » ! Souviens-toi de ces entreprises qui, tant qu'elles ne sont pas au bord du précipice, disqualifient les plans énergiques qui pourraient les secourir, les jugeant « inconcevables, théoriques, trop brillants ou déconnectés des réalités du terrain ».

- D'accord, mais dis-moi : dès lors que l'artifice d'une vision téléologique du sens n'est visiblement plus possible, comme tenter, malgré tout, de recréer ce fameux sens ?

- Dès lors que les « effets de bord » d'IJR interdisent d'aligner des moyens au service de fins définies *a priori*, l'objectif se déporte. Il s'agit d'abord de conserver, autant que possible, une prise sur ce fameux brassage de moyens et de fins – quitte à le rationaliser *a posteriori*.

– *A posteriori* ? Cela veut dire que l'individu est jeté au monde, pris dans un flux désordonné dont le sens, fondamentalement, s'élabore de façon rétrospective. À l'extrême, la communication pourrait même remplacer la stratégie. Comment cela commence-t-il ?

– Karl Weick, un enseignant-chercheur américain qui a travaillé dans les universités de l'Ohio, de l'Indiana, du Minnesota, de Cornell et du Michigan, parle « *d'enactement* », terme qui a été traduit en français par « mise en scène », ou « activation ». Un Français, Gérard Koenig, explique que l'*enactement* consiste par exemple à : « *Délimiter une fraction du flux d'expérience que connaît l'organisation et à attirer l'attention dessus (…). L'idée d'activation signifie (…) que les dirigeants construisent, réarrangent, distinguent et détruisent de nombreux aspects « objectifs » de leur environnement. En procédant à une activation, le responsable met un terme à l'aléa, introduit des vestiges d'ordre et crée véritablement ses propres contraintes.* »[1]

– Des contraintes ? Comment cette reconstruction du sens *a posteriori* peut-elle finir par engendrer des contraintes ?

– Prenons un exemple. Un fumeur invétéré, qui jusque-là croyait sa passion inoffensive, découvre soudain qu'il risque le cancer. Les faits ne sont plus en accord avec ses propres croyances. Il est en pleine situation de dissonance cognitive. Son drame tient à ce qu'il lui est plus difficile d'arrêter de fumer que de modifier ses croyances. Quoi de plus tentant alors que de se dire : « Puisque les journaux racontent tellement de bêtises sur le sport, la politique et la cigarette, cette fois, moi, je ne me ferai plus avoir… Fumer n'est pas si dangereux ! » IJR permet ainsi de privilégier les croyances capables de justifier ce qui a déjà été entrepris. À la fin pourtant, le fumeur tombera malade.

– L'image est parlante : en choisissant d'ignorer dans l'immédiat une vérité désagréable, le fumeur se sentira momentanément soulagé. IJR, comme « *l'enactement* », est réducteur d'incertitude à court terme, mais porteur de contraintes à long terme.

---

1. Gérard Koenig, « Karl E. Weick, une entreprise de subversion, évolutionnaire et interactionniste », *in* Sandra Charreire et Isabelle Huault, *Les Grands Auteurs en Management*, Colombelle : Éditions EMS, 2002.

- Ce qui n'est pas sans rapport avec certains modèles de prise de décision dans les organisations. March, en compagnie de Cohen et Olsen, a analysé le modèle dit de la « poubelle »[1] : de nombreux problèmes à résoudre échoient régulièrement dans la « corbeille du décideur ». Surviennent de temps à autre des solutions possibles. Arrivent également un beau jour des opportunités de choix. À un moment, le décideur pourra être tenté de s'emparer de l'une de ces opportunités pour résoudre l'un de ces problèmes. Peu importe que cette solution ne soit pas la plus pertinente, ni même qu'elle ne résolve pas exactement le problème de départ. Au besoin, on redéfinira le problème *a posteriori*. Dans l'immédiat, la décision a l'immense mérite de lancer l'organisation dans l'action. Elle réduit l'incertitude immédiate de ceux qui attendaient que quelque chose enfin se passe. Les contraintes n'apparaîtront que plus tard.

- Cette tentative de contrôler l'incertitude d'un processus désordonné de confrontation de fins et de moyens individuels me rappelle la notion de pouvoir que nous avons évoquée dans le chapitre 4.

- À quoi penses-tu ?

- Un dirigeant ne sait pas tout ce qu'un exécutant pourrait réaliser localement. Il ne connaît pas le détail des moyens nécessaires à la réalisation des fins qu'il conçoit. Il peut même craindre, en énonçant une stratégie, d'être ultérieurement démenti par les faits. Ce qui peut le conduire à masquer, ou à écarter, certaines fins susceptibles d'être rejetées ou mal comprises, et à cantonner ses premières déclarations aux niveaux les plus génériques de la chaîne de fins et de moyens. Symétriquement, l'exécutant peut, lui, tenter de se préserver une marge de liberté en se construisant un accès privilégié à certains moyens. Il devient alors fondamental pour le dirigeant qui veut continuer de peser sur le jeu, de piloter, voire de contraindre le processus d'allocation de moyens et la marge d'initiative des exécutants. Dès lors, le jeu des relations de pouvoir amène les uns et les autres à déplacer le centre de

---

1. Michael D. Cohen, James G. March et Johan P. Olsen, *A Garbage Can Model of Organizational Choice*, Administrative Science Quaterly, n°17, 1972.

gravité de leurs interactions vers des zones plus basses de la chaîne de fins et de moyens. En bref, il s'agit de plus en plus de contrôler un processus et de moins en moins de définir une finalité *a priori*.

— Oui. Et ce mécanisme offre un avantage évident. Grâce à lui, il n'est pas nécessaire que des individus se mettent d'accord sur les buts, ni même qu'ils aient connaissance de leurs motifs respectifs pour agir collectivement.

— Il présente également un inconvénient de taille : les fins se déportent. Conformément à l'approche weickienne, les organisations cessent alors d'être considérées comme des moyens au service de fins qui leur seraient assignées. Elles deviennent des fins pour elles-mêmes.

— Ouh là, voilà que j'ai le vertige ! Nous avons commencé par passer en revue les limites d'une approche qui consisterait à créer du sens en proposant des finalités *a priori*. Puis nous venons de découvrir les limites du modèle qui consiste à rationaliser *a posteriori* un processus. Vision de l'entrepreneur de PME contre jeu politique de la grande organisation, la tête me tourne… Où donc retrouver du sens dans ce tourbillon ?

— Tu viens de le dire, certaines façons de faire sont plus adaptées à certains types d'environnement.

— Alors qu'est-ce qu'un manager créateur de sens ?

Outils pour créer du sens

— Je te propose, avant de parler de ceux qui sont supposés « faire le sens », de commencer par revenir sur la façon dont le sens s'élabore.

— À ce stade je suis plutôt désorienté. Je croyais tout à l'heure tenir une solution avec ce marché organisant la confrontation des séquences de moyens et de fins individuels afin de définir la chaîne des moyens et des fins de l'entreprise. Mais maintenant ce fameux marché me paraît bien peu efficace et digne d'intérêt.

– Et pourtant, tout imparfait qu'il soit, ce marché joue un rôle important, et même fondamental.

– Lequel ?

– Il permet à chaque acteur de l'entreprise d'affiner ses propres préférences. Savoir de mieux en mieux ce que nous voulons, n'est-ce pas là, au fond, le but de tout processus de création de sens ?

– Ce brassage des moyens et des fins individuels doit donc permettre à chaque individu d'affiner ses préférences et, à tous les individus collectivement, de construire une organisation au service de leurs finalités. Mais comment est-ce, dans la pratique, possible ?

– L'expérience est la clé de tout. Le sens est d'abord une histoire de bon sens. Par l'expérience, nous devrions découvrir les conséquences de nos comportements. Puis tirer une leçon de ces conséquences et réviser nos préférences. Ensuite nous fixer de nouvelles fins en accord avec ces nouvelles préférences. Et enfin laisser ces fins guider nos choix. Jusqu'à éprouver, toujours par l'expérience, le bien-fondé de la révision de nos échelles de préférences… Quoi de plus savoureux que de ressentir que nous progressons ?

– Vers quoi progresser ?

– Vers la conscience d'agir en adéquation avec ce que nous sommes.

– Qu'est-ce qui nous en empêche dans les organisations ?

– Commençons par le commencement. Nous ne reconnaissons pas les raisons pour lesquelles nous n'avons pas ce que nous voulons.

– Pourquoi n'avons-nous pas ce que nous voulons ?

– Parce que nous ne prenons pas toujours la peine de savoir ce que nous voulons, ni celle de laisser ce que nous voulons guider nos choix. Parce que nous ne reconnaissons pas dans ce qui se produit la conséquence de ce que nous avons si mal voulu. Parce que nous ne nous servons pas de nos erreurs pour réviser nos préférences. Et quand nous le faisons, ces nouvelles préférences ne nous servent pas à véritablement remettre en cause ce que nous voulons.

– Pourquoi le brassage des fins et des moyens ne suffit-il pas toujours à affiner nos échelles de préférences ? En un mot, pourquoi ce marché peine-t-il à fonctionner correctement ?

– Comme tout marché, celui-ci fonctionne d'autant mieux que l'information est échangée de façon libre et transparente. Or là malheureusement le bât blesse. Là, le manager créateur de sens doit focaliser son attention.

– Qu'est-ce qui empêche l'information de circuler librement ?

– IJR.

– Peux-tu détailler ?

– Finalités, buts, objectifs, moyens, la chaîne d'un individu comprend plusieurs niveaux. Or la vie des entreprises nous apprend très tôt qu'il est dangereux de s'ouvrir à autrui sur nos motivations les plus intimes et les plus élevées…

– Donne-moi un exemple.

– Reprenons celui de Daniel. Pourquoi voulait-il planifier ses développements informatiques trois mois à l'avance ?

– Pour satisfaire ses clients.

– Pourquoi satisfaire ses clients ?

– Pour atteindre ses objectifs, toucher un bon salaire et progresser dans sa carrière !

– Et pourquoi veut-il tout cela ?

– Cela lui appartient. Sans doute pour confirmer à ses yeux et à ceux de son entourage qu'il est un bon professionnel.

– Et pourquoi est-ce important de faire la preuve qu'il est un bon professionnel ?

– Pour développer son estime de soi.

– Et pourquoi vouloir développer son estime de soi ?

– Pas facile à savoir… Peut-être pour compenser une blessure passée ?

– Par exemple. Chacun a ses raisons et toutes sont respectables. Dans cette hypothèse, la chaîne de Daniel ressemblerait donc à ceci :

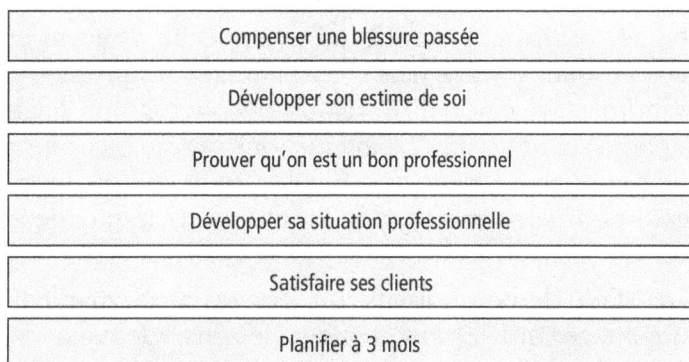

Compenser une blessure passée
Développer son estime de soi
Prouver qu'on est un bon professionnel
Développer sa situation professionnelle
Satisfaire ses clients
Planifier à 3 mois

Copyright G4 2007

Figure 20 – Chaînes des fins et des moyens d'un individu

– Pas facile pour Daniel de reconnaître dans son extrême méticulosité professionnelle le besoin de compenser une blessure passée. Pas facile non plus pour Daniel de déclarer à son supérieur hiérarchique qu'il est insatisfait d'un emploi qui le condamne à dégrader la qualité de ce qu'il fait…

– Je vois encore là la marque d'IJR. Daniel ignore sa part de coresponsabilité dans la situation présente. Après tout, peut-être une partie des retards est-elle imputable à ses excès de zèle passés ? Il juge ne pas pouvoir se plaindre de son emploi à son supérieur hiérarchique. D'ailleurs est-ce bien le moment de tempêter quand le chômage sévit ?

– Daniel peut décider de réagir en gardant pour lui son insatisfaction. C'est-à-dire en fuyant l'interaction qui lui aurait permis de faire évoluer son emploi dans le sens de ses préférences. Ce faisant, il interdit également à l'organisation de remédier aux imperfections de sa propre chaîne de moyens et de fins. Quel dommage quand une discussion avec son patron aurait aidé à remettre à plat le processus de circulation d'information entre l'informatique, le marketing et la vente et peut-être même de tenir les délais la fois suivante !

— Si je te suis bien, l'interaction est la clé : la seule façon que nous avons de construire du sens, c'est d'affiner nos échelles de préférences en interagissant avec autrui.

— Oui. *A contrario*, c'est IJR qui m'empêche de vivre en accord avec ce que je suis. Mais c'est l'interaction qui me permet de prendre conscience d'IJR. Nous découvrons progressivement qui nous sommes au fil d'interactions productrices de points de vue temporaires, négociés, fragiles, qu'il faut reconstruire sans cesse pour construire son moi, interpréter le monde et engendrer du sens.

— À ce stade de notre discussion, quelles recommandations faire au manager qui se veut créateur de sens ? demanda Marin.

— Oser analyser la situation. Oser s'engager. Oser reconnaître une erreur. Combien d'organisations aveugles détruisent du sens parce qu'elles ne reconnaissent pas les évolutions de leur environnement ? Combien d'organisations timorées détruisent du sens parce qu'elles découragent la prise de risque et d'initiative ? Combien d'organisations aventureuses détruisent du sens parce qu'elles étouffent leurs erreurs ?

— Oui Marko, approuva Merlin. Pourtant, me semble-t-il, la principale difficulté réside un cran plus loin. Oser analyser la situation jusqu'à y identifier les conséquences systémiques de ses propres actions. Oser s'engager jusqu'à laisser ses préférences guider ses actes. Oser reconnaître une erreur jusqu'à réviser ses préférences.

— À cette triple condition nous devenons conscient de la manière dont d'innombrables séquences IJR nous ont, dans le passé, empêché de réviser nos préférences. À cette triple condition, nous pouvons progressivement nous fixer des fins plus élevées et faire l'expérience de leur réalisation.

— Oui Marin. Les règles sont simples : analyser la situation ; choisir un objectif ; décider d'agir en fonction de cet objectif et s'y tenir ; repérer les conséquences systémiques de nos agissements ; réviser nos préférences ; choisir un nouvel objectif plus élevé ; laisser ce nouvel objectif guider nos actes.

Tout le jeu du brassage des fins et des moyens est là. Les organisations, comme les individus, progressent dans la définition
de leurs moyens et de leurs fins en tirant patiemment des bords.
L'engendrement du sens est un processus relativement fluide,
jalonné d'essais et de virements de bord, marqué par des évolutions continuelles et graduelles.

– À quoi reconnaît-on une organisation créatrice de sens ?

– Au final, une organisation crée du sens si elle permet aux individus qui la composent d'affiner leurs préférences pour faire
l'expérience de fins qu'ils considèrent comme de plus en plus
élevées. *A contrario*, elle détruit du sens si les individus qui la
composent doivent réviser leurs ambitions à la baisse, ou si ces
ambitions sont inexistantes ou confuses.

Conseils pour créer du sens :

– Articulez clairement ce que vous souhaitez.

– Encouragez autrui à définir ce qu'il souhaite.

– Organisez la confrontation des préférences.

– N'hésitez pas à faire par vous-même l'expérience de ce qui paraît
possible et souhaitable.

– Redéfinissez vos préférences après l'expérience.

– Permettez à autrui d'en faire autant.

– La création de sens est donc un cercle vertueux. Le sens, c'est
oser voir plus grand, puis en faire l'expérience. Puis voir encore
plus grand, etc. La vision sert l'expérience et l'expérience la
vision.

– Le sens n'est donc pas à découvrir *a priori*. Il n'est pas non plus
rationalisable *a posteriori*. Il est tissé dans la toile du temps,
consubstantiel à la trame du présent. Jusqu'à construire un axe.
Jusqu'à éprouver ce sentiment si bien décrit par Michel
Podolak, un chef d'orchestre qui disait : « *Le sens, c'est d'agir* hic
et nunc, *en pleine adéquation avec ce que je suis.* »

- Pour Jean Guitton et Jean-Jacques Antier, la vie de celui pour qui elle fait sens se vit également au présent. Ils écrivent ainsi à propos du pape Jean XXIII : « *Il pratiquait une philosophie du moment présent (…). Il avait des axes plus que des pensées précises, un grand élan plus que des volontés particulières. Comme les artistes, il se laissait guider par l'œuvre en train de se faire, la regardant dans ses ébauches pour en recevoir un conseil (…). Il ne s'inquiétait pas de l'avenir (…). La voie suivie conseille la voie que l'on doit suivre encore. La vie précède la vérité (…). Il devait penser qu'il y a quelque chose de plus haut que l'exercice de l'intelligence : le bon sens, la simplicité de l'être, le sens des relations humaines.* »[1]

- Le sens relève donc davantage de l'intelligence émotionnelle que de l'intelligence. C'est une attitude pleine de bon sens que décrivent Jean Guitton et Jean-Jacques Antier : « *Penser, se posséder soi-même, avoir ses plans et attendre l'heure, respirer profondément, travailler pendant qu'on a la lumière, être assuré de la fidélité de ceux auxquels nous ont unis le cœur et l'habitude, savoir qu'on tiendra ses promesses et qu'on sera fidèle aux siens, se sentir comme enraciné sur un terroir, dans un axe imperturbable, miroir cependant ouvert à tout, capable au besoin de refléter l'univers, ce sont là des satisfactions possibles à chacun. Celui qui est ainsi assuré, il n'a plus qu'à se prêter aux appels.* »[2]

Résumé

- Les acteurs de l'entreprise ont besoin de s'investir dans des actions dont ils perçoivent la valeur et qui ont un impact positif. Pourtant nombreux sont ceux qui ne perçoivent pas le sens positif de leur travail.

- Selon une conception téléologique, le travail d'un individu prendrait du sens dès lors qu'il est capable de se définir un

---

1. Jean Guitton et Jean-Jacques Antier, *Le Livre de la sagesse et des vertus retrouvées*, Perrin, 1998.
2. *Ibid.*

© Groupe Eyrolles

but, de se donner les moyens d'y parvenir et de progresser selon une trajectoire.

* Or les organisations peinent à aligner des moyens au service de fins et à constituer des chaînes moyens/fins cohérentes, car :

  – La chaîne collective de l'organisation est produite par le brassage complexe et largement imprévisible de séquences individuelles de moyens spécifiques et de fins particulières.

  – Chaque acteur n'est conscient que de fragments, parfois incohérents, de ces diverses séquences. Il ne peut prédire avec certitude les conséquences de ses actions sur les chaînes des autres.

  – La complexité des deux bouts de la chaîne reste largement inconnue aux acteurs. En particulier, la hiérarchie des maillons supérieurs (l'homme est-il au service de l'économie ou l'économie au service de l'homme ?) échappe à la volonté du décideur économique isolé.

* IJR en est largement responsable :

  – Au plan individuel, les préférences se forgent dans l'action ; nous ignorons donc qui nous sommes en train de devenir ; de jugements en réactions, nous pouvons même produire des schémas répétitifs nous fermant des horizons nouveaux.

  – Au plan organisationnel, les distances cognitives limitent la capacité de l'organisation à concevoir des fins plus adaptées aux objectifs professés ; les distances relationnelles freinent la mise en œuvre de moyens cohérents avec ces fins.

* Lorsque IJR rend difficile l'alignement des moyens au service de fins définies *a priori*, il peut être tentant de chercher à réduire l'incertitude et à reconstruire du sens :

  – en rationalisant *a posteriori* un processus (par exemple en reconstruisant une partie du flux d'expériences que connaît l'organisation ou en privilégiant les croyances susceptibles de justifier ce qui a déjà été entrepris) ;

- – en développant des jeux de pouvoir (par exemple en masquant certaines fins et en cherchant à contrôler certains moyens).
- Ces approches ont leurs limites : elles sont génératrices de contraintes à long terme. Les organisations cessant d'être considérées comme des moyens au service de fins qui leur seraient assignées, deviennent des fins pour elles-mêmes.
- Pour imparfait qu'il soit, le brassage des moyens et des fins individuels fournit à chaque individu l'occasion d'affiner ses préférences. Ce qui présuppose d'oser :
  - – analyser la situation jusqu'à y identifier les conséquences systémiques de ses propres actions ;
  - – s'engager jusqu'à laisser ses préférences guider ses actes ;
  - – reconnaître une erreur jusqu'à réviser ses préférences.
- De ce point de vue, les organisations qui créent du sens sont celles qui, en réunissant ces conditions, permettent aux femmes et aux hommes :
  - – d'affiner leurs préférences jusqu'à choisir des fins qu'ils considèrent de plus en plus élevées ;
  - – de faire l'expérience de la réalisation de ces fins ;
  - – d'agir *hic et nunc* en pleine adéquation avec ce qu'ils sont.

9

Vers l'entreprise innovante

*Le pessimiste lucide : « On appelle maladie le jour
où le médecin rend le diagnostic. »*

*L'optimiste lucide : « On a appelé découverte
de l'Amérique, le jour où on s'est rendu compte
qu'elle existait avant qu'on s'en rende compte. »*

– Bonjour Marin !

– Bonjour Merlin, bonjour Marko.

– Comment vas-tu ?

– Mal. Tellement de choses vont de travers dans nos sociétés !

– Quelle chance : tellement de solutions se dessinent déjà…

– Lesquelles ?

– Elles sont très faciles à repérer. Toutes commencent de la
même manière : par une prise de conscience accrue.

– Suffit-il d'être plus conscient pour modifier son comportement ?

– Non, bien sûr. Mais le temps finit par nous interdire de persister
dans ce que nous savons être une erreur. Le plus difficile n'est
pas de changer de comportement, c'est d'accepter de reconnaître que nos anciens comportements ne nous servent plus.
Nos erreurs les plus graves ont toutes commencé par de petites
fautes d'attention.

– Que proposes-tu ?

– De chasser les signaux d'alerte.

– Qu'est-ce qu'un signal d'alerte ?

– Le premier moment où l'action est possible. La première chance. L'instant de la *première prise de conscience* d'un dirigeant, ou d'un subordonné, qu'un changement est souhaitable, sous peine d'aller « dans le mur ».

– Les signaux d'alerte peuvent donc être de nature très différente ?

– Oui. Ils peuvent recouvrir un problème financier (« on va perdre de l'argent pour la première fois cette année ! ») ou une crise morale (« cela ne correspond plus à mes valeurs ! »), un constat individuel (« ma marge de manœuvre s'amenuise trop ! ») ou une découverte collective (« les leviers de commandement ne répondent plus ! »). Souvent un signal d'alerte n'est que la conséquence d'un problème relationnel.

– Peux-tu me donner un exemple ?

– C'est facile. Jean-François Manzoni, professeur à l'IMD (une école de gestion installée à Lausanne), et Jean-Louis Barsoux étudient un cas fréquent de dysfonctionnement relationnel entre un subordonné et son manager, qu'ils appellent « *syndrome de l'échec programmé* »[1].

– Comment cela fonctionne-t-il ?

– Manzoni et Barsoux prennent l'exemple de la relation entre Steve et Jeff.

Comment devient-on un mauvais subordonné ?

Le cas de la descente aux enfers de Steve

Steve est un cadre énergique, d'excellente réputation, tout juste promu à la tête d'une nouvelle ligne de fabrication dans une importante société américaine. Mais voilà, il a un nouveau patron : Jeff. Et depuis que Steve reporte à Jeff, sa performance ne cesse de décliner.

---

1. Jean-François Manzoni et Jean-Louis Barsoux, *The Set-Up-To-Fail Syndrome, How Good Managers Cause Great People to Fail*, Harvard Business School Press, 2002.

Jeff, lui, a été récemment recruté à l'extérieur. Il a pris l'habitude, dès les premiers mois de leur relation, de demander à Steve d'écrire périodiquement de brèves analyses des principaux problèmes de rejet qualité de l'usine.

Même s'il ne l'explique pas tout de suite à Steve, Jeff a plusieurs objectifs : générer de l'information pour accélérer leur apprentissage commun et aider Steve à prendre l'habitude d'analyser la cause des problèmes de qualité. En outre, comme il est neuf sur son poste, Jeff souhaite montrer à son propre chef qu'il est au fait du fonctionnement de l'usine.

Jeff pense ainsi aider Steve à redresser la barre. Parviendra-t-il à rétablir la performance de Steve ?

– Comment réagit Steve à ces initiatives pour l'aider ?

– Ignorant des raisons de Jeff, Steve renâcle : pourquoi soumettre à son patron des rapports sur des incidents qu'il peut parfaitement gérer lui-même ? Par manque de temps, mais aussi pour repousser ce qu'il perçoit comme une interférence, Steve investit peu d'énergie dans ces rapports. Ce qui inquiète Jeff, qui renouvelle sa demande plus fermement. Steve est-il un manager véritablement proactif ? Pour Steve, ces demandes renouvelées sont la preuve que Jeff n'a pas confiance en lui. Il cherche à éviter de plus en plus les interactions avec son patron. Jeff est désormais persuadé que Steve ne peut accomplir son travail sans aide. Il pilote Steve de manière si serrée, qu'un an après avoir accepté avec enthousiasme sa promotion, ce dernier songe fortement à quitter son employeur[1].

– Rapports de qualité médiocre remis en retard, mauvaise volonté et tentatives d'évitement de Steve, les signaux d'alerte adressés à Jeff n'auront pas manqué.

1. *Ibid*, p. 162.

– Oui, Marin, il s'agit bel et bien de signaux d'alerte. Leur nature est multiple, mais leur qualité dépend toujours de leur capacité à renseigner avec fiabilité sur des conséquences douloureuses.

– Qu'est-ce qu'une « conséquence douloureuse », Merlin ? demanda Marko.

– Je vous propose une définition très simple : c'est une conséquence dont nous ne voulons pas.

> Signal d'alerte : il s'agit du premier indice dont nous prenons conscience, et qui nous alerte sur la probable survenue de conséquences contraires aux objectifs que nous professons rechercher.

– Peux-tu illustrer cela, s'il te plaît ?

– Bien sûr. Jeff, de bonne foi, croit faire ce qu'il faut pour aider Steve à progresser. Pourtant la performance de Steve continue à se dégrader et tous deux vont droit à l'échec. Si nous savons l'interpréter correctement, un signal d'alerte nous avertit que nous risquons de ne pas avoir ce que nous voulons. Si Jeff était réellement attentif, le comportement en retrait de Steve pourrait le mettre sur la voie : « Steve a toujours eu, dans la maison, une bonne réputation. Est-il vraiment ce cadre médiocre que j'ai tendance à voir en lui ? Ou se peut-il que des circonstances particulières aient dégradé, à mon insu, sa performance ? Mes efforts paraissent vains. Que puis-je faire de neuf pour inverser ce processus ? »

– Un signal d'alerte est donc un levier pour l'action qui nous incite ou à changer d'objectif pour l'harmoniser avec notre comportement, ou à changer de comportement pour atteindre notre objectif.

Dès que l'action est possible

– C'est exactement cela ! Et comme il est utile, pour minimiser de possibles désagréments futurs, de réviser un objectif ou un comportement erroné le plus tôt possible, un bon signal d'alerte est un signal précoce. Le schéma suivant peut vous aider à repérer en amont certains signaux fréquents dans nos organisations.

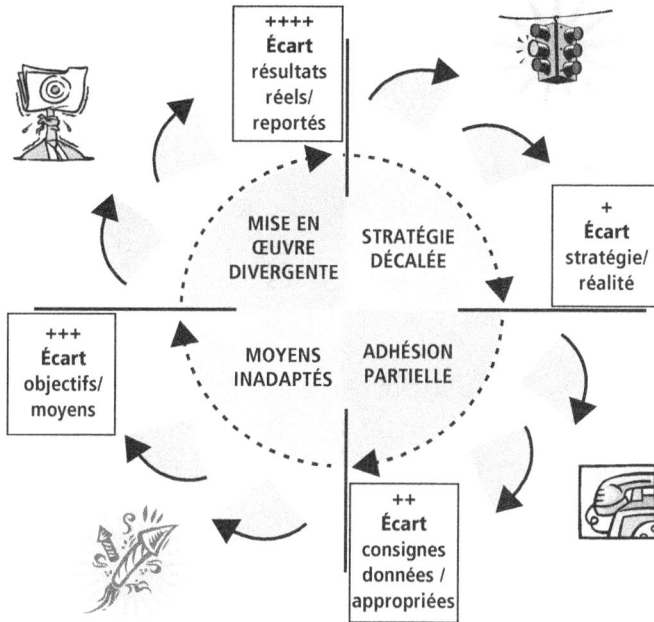

Figure 21 – Signaux d'alerte

– Je comprends. Le risque de ne pas atteindre les objectifs que nous professons rechercher peut provenir d'une stratégie décalée par rapport à la réalité, d'une adhésion insuffisante de l'organisation à cette stratégie, de moyens engagés inadaptés, ou encore de divergences d'exécution.

– Oui. En marquant le premier moment où l'action est possible, le signal d'alerte marque également l'instant où elle sera souvent la moins douloureuse, observa Marko.

– Qu'entends-tu par « action » ? rétorqua Merlin.

– Tu l'as toi-même dit, nous parlons de ces actions correctrices susceptibles de nous amener à réviser nos objectifs et/ou nos comportements. Bien sûr, il n'est jamais très agréable d'opérer ce type de révision. Pour autant elles sont nécessaires, dans la mesure où les organisations créatrices de sens sont précisément celles qui permettent aux individus d'affiner progressivement leurs préférences[1]. Or, affiner ses préférences implique de réviser périodiquement son objectif ou son comportement – et donc de repérer les signaux d'alerte ! Autant que ce processus de création de sens soit le moins douloureux possible…

– Donne-nous un exemple.

– Il est quasi impossible de modifier une stratégie erronée immédiatement après l'avoir mise en œuvre. Il faut d'abord attendre que l'échec devienne visible. Puis qu'on se soit préoccupé d'analyser les causes, voire de rechercher des coupables ou des boucs émissaires ! Ce que montre d'ailleurs clairement le schéma de la figure 21, avec cette tête de cadre qui sert de cible… Toute révision est beaucoup plus facile si elle intervient en amont. Mieux vaut un simple coup de téléphone, même rageur, qu'un feu d'artifice !

– Je vois. Avec ce cycle, le manager dispose d'un outil pratique pour débusquer les premiers signaux d'alerte : mieux vaut commencer par se demander si sa stratégie est bien adaptée, correctement vendue et servie par des moyens appropriés, que de tenter de rattraper en catastrophe un défaut d'exécution.

– Je pressens, s'exclama Marko, que nous venons d'entrer, avec les signaux d'alerte, en possession d'un moyen pour innover *véritablement*. Mais comment concrètement s'y prendre ?

– Je vous propose un processus en huit étapes.

La voix de Merlin avait grondé. Il se dirigea vers le tableau blanc qui occupait un mur de la pièce.

Huit étapes pour innover

– Première étape : *définir précisément ce qu'on attend*.

Sur le tableau, Merlin dessina un cadre dans lequel il inscrivit ces mots :

---

1. *Cf.* chapitre 8.

Étape 1

Sais-je précisément ce que je veux ?

- Attention, ce n'est pas aussi simple qu'il n'y paraît. Reprenons l'exemple de Jeff. Quelle est la chose la plus importante que veut Jeff ?
- Que la ligne de production tourne, dit Marin.
- Aider Steve à réussir ! dit Marko.
- Vous voyez, la simplicité est trompeuse. Peut-être même Jeff souhaite-t-il surtout montrer à son patron qu'il maîtrise le détail du fonctionnement de l'usine ? Quoi qu'il en soit, impossible de créer du sens si l'objectif prioritaire initial, celui qui doit commander la suite de toutes nos actions, n'est pas parfaitement clair. Faisons l'hypothèse que l'objectif prioritaire de Jeff est d'aider Steve à réussir dans ses fonctions, qui sont de faire tourner l'outil de production. Jeff y réussit-il ?
- Non, Steve ne réussit pas.
- D'où la deuxième étape : *chasser les signaux d'alerte*. Il n'y a ici qu'une seule question à se poser, dit Merlin en complétant le tableau :

Étape 2

Est-ce que ce que je fais marche ? Est-ce que cela va me rapporter les conséquences que j'attends ?

- Jeff aide-t-il Steve à faire tourner l'outil de production ? enchaîna Merlin.
- Bien sûr ! répondit Marko. Jeff suit Steve de très près et lui prodigue de nombreux conseils.
- Est-ce que ce comportement de Jeff vis-à-vis de Steve marche ?
- Non, fit Marin. Steve ne réussit pas sur son poste. Bien au contraire, il se désengage de plus en plus de ses responsabilités.

– Vous voyez, il n'est pas si facile pour Jeff de *voir le résultat* de ses actions. Voir, c'est-à-dire connaître en profondeur, non pas le processus, mais les *conséquences du processus*. Sur le comment, Jeff dépense beaucoup d'énergie à coacher Steve. Mais pour quel résultat ? Manifestement quelque chose ne fonctionne pas. Il n'y a pas là de jugement. La performance de Steve se détériore. Simple mesure – absence de jugement.

– Malheureusement, comme Jeff, nous nous apercevons souvent fort tard que ce que nous faisons est voué à l'échec. Le gamin qui transporte de la drogue dans un train ignore la réalité concrète à laquelle il s'expose – jusqu'au moment où passe dans la travée le chien des douanes. Le choc de la prise de conscience apparaîtra seulement lorsque les deux officiers qui l'ont entraîné à l'écart commenceront à l'interroger. Loin de moi l'idée de comparer Steve, ou Jeff, à ce gamin, mais le processus est semblable : nous ne prenons généralement conscience d'un problème que lorsque nous commençons à souffrir de ses conséquences. Un signal d'alerte nous alerte parce qu'il recèle une part de douleur.

– Encore faut-il cerner précisément cette douleur et savoir la nommer ! renchérit Merlin. Nommer une douleur, ce n'est pas discourir sur les tares de la société en général ou sur les insuffisances d'autrui. Jeff ne peut affirmer souffrir de la médiocrité de Steve sans tomber dans un jugement déresponsabilisant pour tous les deux. Nommer n'est pas non plus parler à côté du problème ou se faire le porte-parole de quiconque. Ce n'est pas davantage mettre à nu une cicatrice. Cerner une douleur, c'est décrire avec précision sa difficulté singulière *à soi*. En d'autres termes, Jeff est fondé à dire : « Je souffre de ne pas parvenir à motiver Steve ! »

– Nommer présuppose de reconnaître une difficulté, susceptible de faire monter un flot d'émotions, observa Marin. Pas facile, ni pour Jeff, ni pour personne. Quelle est la troisième étape, Merlin ?

– *Laisser monter son indignation* : « Steve n'a pas le droit de me faire ça ! Il faut qu'il se mette enfin au travail pour de bon ! » Accepter de donner libre cours à ses émotions. Après tout ce qu'il a fait pour Steve, Jeff a bien le droit d'être en colère !

Quand on a vraiment mal, le troisième temps devient un temps d'accusation : qui m'a fait ça ? On a le droit, et le devoir, de se demander qui est responsable de cette souffrance, ou de cette colère, que nous ressentons, dit Merlin en complétant la troisième étape du tableau.

Étape 3

À qui est-ce la faute ? à quoi ? S'agit-il d'une distance cognitive ou d'une distance relationnelle ?

– L'adolescent arrêté dans le train par les douaniers s'est immédiatement écrié que sa petite amie avait glissé la dose de drogue dans une de ses poches à son insu ! dit Marin. À lui, comme à nous, la montée des émotions désigne immédiatement le coupable…

– … et la solution ! Puisque Steve est un cadre médiocre, Jeff résout aussitôt de le contrôler de plus près. La réaction est immédiate, la solution à portée de main. Jugements et réactions s'enchaînent très rapidement. Désormais, plus Steve se désengagera, plus Jeff se sentira habilité à lui serrer la bride.

– Que faire alors pour briser ce cercle vicieux ?

– D'abord, s'il en subsiste encore, épuiser le flux d'émotions. Tout lâcher puis décompresser. Ce n'est que lorsque la pression retombe qu'on peut continuer de s'interroger sur la nature de sa solution.

– Qu'entends-tu par « nature » ?

– Qu'est-ce qui m'empêche de faire mieux ? Une chose ou une personne ? En d'autres termes, ma solution bute-t-elle sur une distance cognitive ou sur une distance relationnelle ? Pour sentir cela, prenez le cas de Jeff.

– Distance relationnelle ! dit Marko. Jeff ne sait plus comment s'y prendre avec Steve.

– Bien, dit Merlin. Les distances relationnelles sont d'autant plus épineuses qu'on ne les reconnaît pas toujours comme telles. Il ne servirait à rien de rechercher une solution technique à un problème relationnel. L'étape 4 consiste à regarder sa solution *différemment*. Changer de point de vue pour voir le monde autrement. Dans le cas d'une distance relationnelle, il s'agit de *regarder sa solution avec les yeux de l'autre*. Qui est impacté et qu'en pense autrui ? À Jeff de se glisser dans les habits de Steve et de se demander ce que Steve peut penser du fait d'être toujours davantage contrôlé. Que pense Steve, à ton avis, Marin ?

— « Jeff n'a pas confiance en moi ! Il me traite comme un enfant et mon job perd tout son intérêt ! Si ça continue, il faudra que je me trouve un autre emploi. »

— Vous voyez, dans le cas d'une distance relationnelle, un moyen pratique de prendre du recul par rapport à sa solution, c'est de la regarder du point de vue de l'autre. Dès lors que Jeff est souvent sur son dos, Steve n'a-t-il pas en effet le droit d'aspirer de temps en temps à un peu d'indépendance ? L'objectif de cette étape 4, c'est de véritablement *interroger la légitimité de sa propre réaction*.

Étape 4

Ma réaction est-elle vraiment légitime ?

Distances relationnelles	**Distances cognitives**
– Qui peut être impacté ?	– Quelles sont les conséquences possibles de cette solution ?
– N'a-t-elle (il) pas aussi le droit de… ?	– Et à plus long terme ?

— Et dans le cas d'une distance cognitive, comment agir ?

— Un moyen pratique de prendre du recul par rapport à une distance cognitive est de se demander ce que cela peut donner dans le temps.

— Donne-moi un exemple.

— Rappelle-toi qu'une distance cognitive procède de l'ignorance de certaines données objectives. Un enfant joue avec un tournevis près d'une prise électrique sans savoir que le métal de l'outil est conducteur. Rationalité limitée de l'enfant, donc distance cognitive. Si nous étions plus savants, il n'y aurait pas de distance cognitive.

– Du point de vue des parents, la situation est d'ailleurs toute différente, dit Marko. Car le père ou la mère sont capables de projeter ce qu'il va se passer si le tournevis entre dans la prise.

– « Que va-t-il se passer si... », voici une manière particulièrement efficace de prendre du recul par rapport à une distance cognitive ! s'exclama Marin. L'étape 4 vise donc à *projeter les conséquences d'un acte suffisamment loin dans le temps, pour en percevoir les limites éventuelles.*

– Bravo à tous les deux ! Oui, le temps éprouve la qualité de nos solutions techniques, exactement de la même manière qu'autrui révèle, dans l'espace, les limites de nos solutions tactiques.

– Dans le temps, dans l'espace ? Qu'entends-tu par là Merlin ?

– Ah, ah, vous êtes mûrs pour découvrir mon espace-temps !

– Ton espace-temps ?

– Un outil pour éprouver la qualité de nos solutions, tant cognitives que relationnelles. Regardez plutôt la figure ci-dessous.

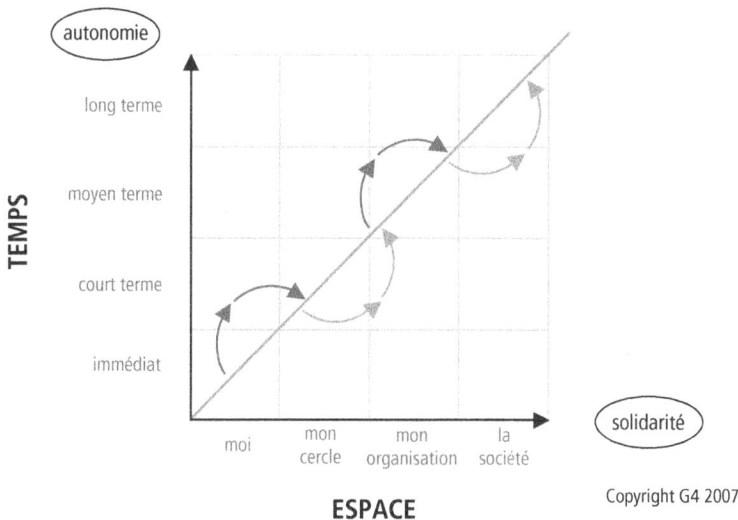

Figure 22 – Espace-temps

- Dans l'espace, je peux mesurer les conséquences de mes solutions, d'abord pour moi-même, puis pour des cercles de personnes qui me sont de plus en plus éloignés. Dans le temps, je peux également m'attacher à en évaluer les conséquences, d'abord immédiates, puis à court terme et enfin à long terme.

- Je vois : la personne autonome est capable de penser pour elle-même à long terme. En ce sens, l'enfant qui joue près d'une prise électrique n'est absolument pas autonome ! Pour faire preuve de solidarité, il faut en outre être capable d'intégrer les conséquences de ses actes pour les autres.

- Tout commence par l'autonomie : la première étape vers une vraie responsabilité, c'est d'abord de devenir capable de penser dans la durée pour soi-même. Discerner son intérêt de long terme et investir. Le partage du fruit de ses investissements vient en second, après avoir reconnu que la poursuite de son développement dépend aussi des progrès des autres. La solidarité : deuxième étape d'une vraie responsabilité.

- Les progrès se font donc par saccades, en tirant des bords ! s'exclama Marin. Un pas vers l'autonomie, un pas vers la solidarité.

- Tout juste, Marin.

- Il est donc naturel qu'à un instant donné la situation soit déséquilibrée au profit de l'une ou l'autre, de l'autonomie ou de la solidarité.

- Oui. Et l'espace-temps de la figure 22 peut t'aider à éprouver tes solutions, pour toi-même ou pour les autres, dans le temps et dans l'espace. Si quelque chose ne change pas dans la relation entre Jeff et Steve, il est probable que Steve donnera sa démission à Jeff… ou que Jeff finira par licencier Steve. Jeff doit ainsi parvenir jusqu'à douter de ses solutions traditionnelles.

- Douter de ses solutions ?

- C'est l'étape 5. Cette étape nous invite à challenger nous-mêmes nos propres conceptions. Ne nous sommes-nous pas tous déjà trompés ? Pourquoi Jeff croit-il que Steve se désengage ?

– Parce que Steve est un cadre médiocre !

– Oui, c'est ce que pense Jeff. Mais Steve pourrait-il se désen-
gager pour d'autres raisons ? En d'autres termes, Jeff pourrait-il
se tromper sur les raisons du désengagement de Steve ?
Souvenez-vous de ce que doit éprouver Steve.

– « Jeff n'a pas confiance en moi ! Il me traite comme un enfant et
mon job perd tout son intérêt ! Si ça continue, il faudra que je
me trouve un autre emploi… »

– Et comment réagit Steve ?

– « Tâchons de rester le plus longtemps possible à l'écart des
radars de ce fichu Jeff ! »

– Bingo Marin ! Ces contrôles répétés que Jeff, en toute bonne
foi, conçoit comme une aide, sont perçus par Steve comme
excessivement intrusifs. Et, *parce qu'il se sent agressé*, Steve se
désengage.

– À son insu, *Jeff programme donc véritablement le désengagement de Steve* !

– Oui, Marko. Non seulement Jeff se trompe sur les raisons du
désengagement de Steve, mais il rend même le problème plus
compliqué. Jeff agit, Steve réagit. Tous deux sont véritablement
coresponsables de la médiocre performance de Steve. Et Jeff ne
le voit pas !

– Nous sommes tous comme Jeff et ignorons notre part de coresponsabilité dans les difficultés que nous affrontons.

– Résumons, veux-tu ? Dans le cas d'une distance relationnelle,
une manière de challenger nos « solutions » est de se demander
si nous ne nous trompons pas sur les intentions ou sur les
raisons d'autrui. Il est alors possible que, comme Steve, nous
découvrions que notre propre comportement peut avoir rendu
la relation plus complexe…

Étape 5

N'ai-je pas déjà réagi de la même manière dans le passé ? Puis-je avoir une part de coresponsabilité ?

Distances relationnelles

- Puis-je me tromper sur les intentions/raisons d'autrui ?
- Mon comportement peut-il même rendre la relation plus complexe ?

Distances cognitives

- Se peut-il que ma solution ne soit pas si bonne que ça ?
- Pourrait-elle même rendre le problème plus complexe ?

- Et dans le cas des distances cognitives ?

- Nos soi-disant « solutions » peuvent également compliquer les données initiales du problème. C'est pourquoi l'étape 5 consiste toujours à se challenger soi-même. Se peut-il que mon idée ne soit pas si bonne que ça ? La façon dont je m'y prends sert-elle réellement ce que j'attends ? etc.

- Je vois un autre avantage à commencer par éprouver ses propres idées : ce sera plus facile ensuite d'entendre les autres les remettre en cause. Car il faudra bien que Jeff rencontre à nouveau Steve.

- Au fait, comment Jeff va-t-il s'y prendre ?

- Jean-François Manzoni et Jean-Louis Barsoux[1] insistent d'abord sur l'importance de *créer le bon contexte* pour cette réunion. Jeff peut, par exemple, dire à Steve : « Je souhaite discuter avec toi. Nous travaillons ensemble depuis près d'un an et certaines choses ne se sont pas passées aussi bien que toi et moi le voulions. J'ai un problème avec certains aspects de ta performance et ce problème affecte notre relation. Je ne pense pas que nous communiquons aussi bien que nous le devrions... »

---

1. Jean-François Manzoni et Jean-Louis Barsoux, *op. cit.* La discussion qui suit est tirée des pages 180 et suivantes.

- À ce stade, fit Marin, Steve doit penser : « Ça y est, nous y revoilà ! »

- Oui, Marin. Mais Jeff peut continuer en disant : « … Toutefois je réalise de plus en plus que j'ai peut-être contribué à créer ce problème. Aussi prenons un peu de temps ensemble. J'ai la conviction que nous pouvons améliorer à la fois notre relation de travail et notre performance conjointe. Pouvons-nous en parler à la cafétéria demain ? »

Marko prit la parole.

- Le lendemain à la cafétéria, Jeff peut entamer la discussion en se remettant en cause : « Dans le passé je t'ai fait certaines suggestions, mais je m'aperçois que nous n'avons jamais pris le temps d'évoquer la manière dont nous fonctionnons ensemble. Parlons-en aujourd'hui. Je ne sais pas ce que tu penses de notre relation, et tu pourras peut-être le dire dans une minute, mais je pense que je dois commencer par te dire ce que j'éprouve. Je ressens pas mal de difficultés entre nous. Tu ne fais pas toujours ce que je te demande de faire. Cela m'ennuie et plus je suis ennuyé, plus je suis impatient avec toi. Je n'aime pas du tout ça. Tu m'irrites parfois, mais je suis sûr que je dois également faire des choses qui t'irritent. Alors parlons de tout ça, y compris de mon propre comportement, d'accord ? »

- Oui Marko, continua Merlin. Barsoux et Manzoni recommandent à Jeff et à Steve de commencer par *se mettre d'accord sur les symptômes* de leur problème. Jeff peut dire quelque chose comme : « Il faut sans doute commencer avec le point principal que j'ai en tête, mais j'aimerais que ce soit une vraie discussion, et ce serait tout à fait utile que tu décrives le moment venu comment je contribue moi-même au problème, d'accord ? Ce qui me soucie, c'est le problème des rejets qualité. Je t'ai demandé des rapports réguliers. Ce que je lis ne me paraît pas très utile. Les analyses sont tardives et, de mon point de vue, trop superficielles. Si tu le souhaites, je peux détailler tout cela, mais j'aimerais d'abord te demander si mon évaluation te paraît injuste ? Peut-être suis-tu ces problèmes d'une façon que je ne peux pas voir ? »

— De deux choses l'une, fit Marin, ou Steve est d'accord avec l'évaluation de Jeff ou il la conteste. Par exemple au motif que même s'il ne sait pas écrire des rapports, il effectue quand même les contrôles qualité. Auquel cas, il s'agit d'un problème technique (Steve manque de certaines compétences) et non plus d'une question relationnelle entre eux (distance relationnelle).

— Oui, Marin, mais à supposer que Steve acquiesce à la présentation des symptômes faite par Jeff, Jeff peut continuer en *faisant le diagnostic des causes* : « Il y a au moins deux raisons pour lesquelles tu peux écrire des rapports qui ne sont pas bons. La première, c'est que tu ne crois pas qu'analyser les causes des rejets qualité est une bonne manière d'utiliser ton temps, la seconde c'est que même si tu penses que c'est une bonne idée, tu n'as pas envie de m'en faire le reporting. Il nous faut être clair sur le pourquoi du problème et je suis prêt à discuter des deux. »

Marin leva trois doigts :

— Premier cas de figure : Steve n'est pas convaincu du bien-fondé des rapports. Deuxième cas de figure : Steve affirme ne pas avoir le temps de rédiger les rapports.

— Dans les deux cas, dit Merlin, Jeff devra défendre son point de vue, en insistant sur l'importance des rapports, et poser des questions pour creuser les mobiles de Steve : pourquoi ce dernier ne croit-il pas à l'importance des rapports ? Comment Steve passe-t-il son temps ?

— Troisième cas de figure : Steve reconnaît qu'effectuer un reporting systématique à Jeff l'ennuie.

— Jeff peut alors continuer en disant : « J'ai deux raisons pour te demander d'écrire ces rapports. La première, c'est que mon propre boss me pose aussi des questions précises. La seconde, c'est que je sais que tu es très occupé et que tu auras plus de chance de faire les contrôles si tu dois m'en faire le compte rendu. C'est une simple manière de t'aider à fixer des priorités. Qu'est-ce qui t'ennuie dans ce reporting ? Est-ce le temps que ça prend ou peut-être crois-tu que je n'ai pas confiance en toi ? »

- Ah, ah, nous voilà au cœur de leur relation !

- Ici la discussion est nécessairement à double sens. À Jeff de détailler, preuves à l'appui, pourquoi il a du mal à faire complètement confiance à Steve. À Steve d'expliquer à Jeff ce qui, dans le comportement de ce dernier, lui donne ce sentiment de ne pas avoir toute la confiance de son patron. Au besoin, Jeff peut même permettre à Steve de formuler certains griefs passés.

- Je vois : la discussion doit d'une part ouvrir à Steve un certain espace de liberté et, d'autre part, permettre de véritablement comprendre pourquoi les rejets qualité n'étaient pas analysés en profondeur.

- Oui, Marin. Et dès que cet objectif est atteint, Steve et Jeff sont prêts pour conjointement *trouver le remède*. À ce stade, Jeff peut désormais dire : « Je suis heureux que nous ayons eu cette discussion et je comprends mieux ce qui s'est passé : je t'ai demandé d'analyser les problèmes qualité et tu ne l'as pas fait d'une manière qui me satisfasse. J'ai pensé que tu ne voulais pas le faire, alors j'ai augmenté la pression. Pas de chance, ce comportement était pile celui qui t'avait ennuyé au départ ! Maintenant je veux être sûr que cette situation ne se reproduira plus et que les problèmes qualité seront traités rapidement. Aussi faisons un deal : la prochaine fois que tu feras quelque chose que je n'apprécie pas, je m'efforcerai de ne pas sauter aux conclusions et je te demanderai ce qui se passe. En échange, quand je ferai quelque chose qui te perturbe, il est important que tu puisses me dire que tu n'es pas d'accord. Ainsi nous pourrons ensemble étudier les problèmes en temps réel, plutôt que de laisser monter du ressentiment vis-à-vis de l'autre. Es-tu d'accord ? »

- Quel beau cas d'école ! Après avoir challengé nous-mêmes nos solutions, l'étape 6 nous invite à en inventer de nouvelles.

- De quelle manière, Marin ?

- Cet exemple traité par Jean-François Manzoni et Jean-Louis Barsoux suggère quelques clés utiles à la résorption des distances relationnelles : se mettre d'accord avec l'autre sur les symptômes du problème relationnel, en discuter les raisons – au besoin en reconnaissant sa part de coresponsabilité – puis rechercher conjointement une solution. Par exemple en décidant d'être plus direct sur ses attentes, ou en renonçant à spéculer sur les sentiments d'autrui.

– Bravo Marin ! Et que préconises-tu dans le cas des distances cognitives ?

– Il y a plusieurs possibilités. Par exemple aller chercher les informations complémentaires qui nous manquent en décidant de s'appuyer sur l'expertise d'une personne tierce. À chaque cas, sa solution. Résumons :

Étape 6

Que puis-je faire de différent cette fois-ci ?

Distances relationnelles

– Être plus direct sur mes attentes ?

– Reconnaître une part de coresponsabilité ?

– etc.

Distances cognitives

– Quelles informations chercher ?

– Quelles expertises me procurer ?

– etc.

– Même s'il n'y a effectivement pas de « recette » universelle, voilà des pistes intéressantes. L'important, parmi toutes les solutions possibles, est d'en choisir une et de *réellement passer à l'acte*. Ce passage à l'acte est un moment fondamental, tellement essentiel qu'il constitue la septième étape de notre processus de création de sens en huit étapes.

Étape 7

Quelle action je choisis d'engager ?

– Pourquoi insistes-tu tellement, Merlin, sur l'importance du passage à l'acte ?

– Rappelez-vous : nous avons défini la création de sens comme ce processus qui permet à chacun d'agir en accord de plus en plus vrai avec sa vision la plus haute. Le seul moyen de savoir si une action sert notre plus haute vision, c'est de la mettre en œuvre !

– Et si cette action ne ramène pas les résultats escomptés ?

– Il convient d'abord de vérifier si nous n'avons pas fait d'erreur de mise en œuvre. Souviens-toi de la manière dont Jeff s'y prenait avec Steve. Nous pouvons tous nous tromper.

– Comment savoir ce que nous devons changer en premier de nos objectifs ou de nos comportements ? demanda Marko.

– Il faut toujours commencer par changer ses comportements. Ce n'est pas parce qu'on ne réussit pas du premier coup qu'on doit laisser tomber l'objectif ! Les difficultés doivent d'abord nous inciter à nous y prendre autrement, à réviser nos tactiques de mise en œuvre.

– Et si, vérification faite, nous avons fait exactement tout ce qu'il fallait pour atteindre nos objectifs, mais que les résultats atteints nous déçoivent quand même ? Si, par exemple, Jeff a fait tout ce qu'il savait pouvoir faire pour améliorer sa relation avec Steve, mais que la performance de Steve reste trop médiocre ?

– Le moment est alors venu de changer d'objectifs. C'est notre étape 8.

Étape 8 _____

Est-ce que mes objectifs me servent toujours ? Faut-il en changer ?

– Quand l'expérience nous a permis d'éprouver que quelque chose que nous visions ne nous sert plus, il est temps de s'interroger sur ce que nous recherchions. De mettre en cause sa vision, d'imaginer autre chose, de plus grand, de mieux défini, ou qui correspond mieux à notre personnalité.

– Qu'est-ce que cela implique pour Jeff et Steve ?

– Jeff et Steve peuvent définir, chacun pour soi-même, d'autres objectifs qui primeront sur le maintien de leur relation. Il ne s'agit pas d'imposer quoi que ce soit à autrui, mais simplement, si l'on n'est pas d'accord avec quelqu'un, de poursuivre tranquillement son chemin ailleurs – sans colère ni critique.

Résumé

Huit étapes pour innover :

- Étape 1 : sais-je précisément ce que je veux ?
- Étape 2 : est-ce que ce que je fais marche ? Est-ce que cela va me rapporter les conséquences que j'attends ?
- Étape 3 : à qui est-ce la faute ? à quoi ? S'agit-il d'une distance cognitive ou d'une distance relationnelle ?
- Étape 4 : ma réaction est-elle vraiment légitime ? Quelles seront les conséquences dans le temps ? Autrui n'a-t-il pas le droit de … ?
- Étape 5 : n'ai-je pas déjà réagi de la même manière dans le passé ? Puis-je avoir une part de coresponsabilité ?
- Étape 6 : que puis-je faire de différent cette fois-ci ?
- Étape 7 : quelle action je choisis d'engager ?
- Étape 8 : est-ce que mes objectifs me servent toujours ? Faut-il en changer ?

10

Vers l'organisation responsable

« Maturation : séquence de transformations morphologiques et physiologiques qui rendent un organe apte à assurer sa fonction. »
Petit Robert, dictionnaire

« Il y a dans les rêves des trous de réel par où les songes s'échappent et se réveillent désirs. »
Jacques Salomé, *Bonjour Tendresse*

Un bruit s'enfla dans le couloir. Marin et Marko discutaient avec effervescence.

– Qu'est-ce que le sens, Marko ?

– Nous venons de le voir : un processus qui permet, graduellement, de réaliser les buts de plus en plus élevés que l'on se fixe.

– Mais où mène ce chemin ? À quoi aboutit cette croissance ? Que sont ces buts de plus en plus élevés ?

– À chacun de répondre, compte tenu des expériences qu'il fait. À chacun de choisir ce que sera le prochain but élevé.

Merlin les rejoignit.

– Donne-moi un exemple, Marko.

– Souviens-toi de celui de la RATP, que nous avons étudié au chapitre 3. Pour gagner un « supplément de vie », des agents ont choisi de patrouiller dans une ligne de tramway traversant des banlieues réputées difficiles, sur laquelle le taux de fraude était particulièrement élevé.

- Comment ont-ils pu se fixer ce nouvel objectif ? La taille des équipes de contrôleurs avait été réduite : tous auraient légitimement pu craindre une montée de l'agressivité des usagers devant ce qui pouvait apparaître comme un désarmement.

- En prenant un risque calculé. Des contrôleurs motivés et bien formés, transformés en hôtes fermes et rassurants, sont capables d'apaiser les tensions et de réduire la fraude. La prise de risque fut permise par un engagement progressif de chacun, dirigeants et salariés réunis.

- Pourquoi la prise de risque est-elle indispensable ? demanda Marin. Ne peut-on l'éviter, ou tout au moins la diminuer ?

- Parce qu'une transformation collective importante génère nécessairement des craintes individuelles. La flamme du changement est par nature fragile. L'attiser, c'est toujours prendre un risque. Tout n'est pas toujours possible dans n'importe quelle organisation.

- Ce point me paraît essentiel. Comment connaître les points de blocage précis de l'organisation à laquelle on a affaire ?

Marin réfléchit une seconde :

- Il faudrait, dans l'idéal, comprendre la façon dont chacun des acteurs-clés d'un changement est naturellement incliné à ignorer, juger et réagir.

- Malheureusement, c'est mission impossible ! Nous développons tous, à la perspective d'un changement, des peurs ou des plaisirs qui nous stimulent, ou nous paralysent, de manière tout à fait particulière et individuelle. Ces mécanismes intimes ne se dévoilent pas sur les places publiques des entreprises !

- Certes non, dit Marin. J'ai toutefois le sentiment qu'il existe peut-être des schémas types... Comme si certaines cultures d'entreprises tendaient à favoriser telle ou telle manière d'ignorer, de juger et de réagir. Il faut partir de la manière dont nous nous comportons en société...

- Je te propose une hypothèse de départ très simple, se risqua Marko. Il existerait deux manières fondamentalement distinctes de penser notre relation à autrui. Ou nous nous positionnons par rapport aux autres, ou nous positionnons les autres par rapport à nous-même.

– Qu'entends-tu par là, Marko ?

– Celui qui se positionne par rapport aux autres commence par regarder qui l'entoure et la manière dont autrui parle, agit ou se comporte. Il adoptera ensuite le comportement qui lui paraît le plus adapté à son environnement. Au contraire, celui qui positionne les autres par rapport à soi commence par laisser surgir ses pensées et ses émotions. Et c'est à la lumière de ce qu'il a senti venir, qu'il interprétera le comportement d'autrui.

– N'inscrivons-nous pas nos relations dans une logique alternative : parfois « moi par rapport aux autres », parfois « les autres par rapport à moi » ? demanda Marin.

– Les choses fluctuent certes, mais chaque individu est spontané-ment porté à un comportement dominant. Les personnalités qui se positionnent par rapport aux autres seront enclines à être observatrices, prudentes, introverties et plutôt dans la réaction. Celles qui positionnent les autres par rapport à elles-mêmes seront, au contraire, plus dans l'action, extraverties et sponta-nées.

– Où veux-tu en venir ?

– Même si chaque individu a des réactions IJR tout à fait indivi-duelles et spécifiques, il est logique de penser que les schémas IJR de chacun différeront selon qu'on commence par se posi-tionner par rapport aux autres, ou par positionner les autres par rapport à soi.

– Ah, ah ! s'enflamma Marin. Tu m'inspires un parallèle avec les organisations. Plutôt que de s'intéresser au discours institu-tionnel de l'entreprise, ou aux qualités qu'elle prétend avoir, concentrons-nous sur l'envers du décor.

– L'envers du décor ? Qu'entends-tu par là ?

– L'envers, la partie immergée de l'iceberg, est fondatrice. À la racine, nous retrouvons IJR, le socle sur lequel se construisent des jeux organisationnels créateurs ou destructeurs de valeurs. IJR marque les organisations. N'existe-t-il pas également des organisations prudentes, observatrices et introverties et d'autres organisations plus extraverties, spontanées et plongées dans l'action ?

– Pourrait-on donc poser l'hypothèse que les schémas IJR individuels dominants dans une organisation la façonne en partie ? Si le positionnement « moi par rapport aux autres » domine, l'organisation aurait tendance à être plus introvertie et prudente. Si, au contraire, c'est le positionnement « les autres par rapport à moi » qui est dominant, elle serait plus spontanée et extravertie.

– Oui, dit Marin. Les schémas IJR individuels dominants paraissent bel et bien marquer les organisations. Mais l'inverse semble également vrai : les cultures des organisations canalisent les schémas IJR individuels possibles en leur sein.

– Donne-moi un exemple.

– Souviens-toi de la RATP. La pression de l'organisation était telle que le groupe de pionniers dut être fortement entouré et protégé, avant que le changement finisse par se propager. Toute stratégie de gestion du changement doit prendre en compte les schémas IJR dominants, quel que soit le type de l'organisation.

Merlin prit la parole pour la première fois depuis le début de leur discussion :

– Bravo à tous les deux ! Voici un point de départ tout à fait intéressant. Je suis impressionné par la vitesse avec laquelle vous vous êtes approprié ces concepts. J'ai une proposition à vous faire.

– Laquelle, Merlin ?

– Celle d'appeler chacun de ces deux types d'organisations, organisation « Nous » et organisation « Moi »[1].

– Qu'est-ce qu'une organisation « Nous » ?

---

1. Les qualificatifs « Nous » et « Moi » apparaissent, dans un contexte différent, dans l'ouvrage de Bernard Montaud et alii, *La Psychologie nucléaire*, La Baume Cornillane : Edit'As, 2001.

– Vous l'avez vous-mêmes dit : nous nous positionnons souvent par rapport aux autres. Quoi de plus normal que d'observer ceux qui nous entourent, de prendre conscience des règles qui régissent notre entourage, puis d'agir de façon à être accepté par le groupe ? Le besoin d'appartenance fonde les organisations « Nous ».

> Organisation « Nous » : il s'agit d'une organisation dans laquelle les séquences IJR et les distances relationnelles sont fréquemment construites autour d'un jugement du type : « Oui, mais si je fais ça, le groupe ne va-t-il pas m'exclure ? »

– Peux-tu nous donner un exemple ? demandèrent Marin et Marko en chœur.
– Bien sûr. Je vous propose celui de Delta. Delta est une organisation fictive, archétype des organisations « Nous ». Ses caractéristiques sont si réalistes qu'elles vont vous rappeler bien des choses… Êtes-vous prêts ?
– Tu as éveillé notre curiosité. Allons-y !

Grandeur et déchéance des organisations « Nous »

Le cas de Delta

Delta est une grande compagnie solidaire et chaleureuse, fière de son projet d'entreprise. Chez Delta, on parle d'ailleurs de mission, en ayant conscience que cette mission constitue un service rendu à la collectivité qui doit bénéficier au plus grand nombre. Le travail en équipe y est érigé en valeur. On rentre chez Delta comme dans une grande famille et les enfants rejoignent souvent l'entreprise à la suite de leurs parents.

De nombreuses règles, écrites ou tacites, régissent la manière de se comporter dans l'organisation et garantissent sa cohésion. Par exemple, chez Delta, il est extrêmement important de tester une idée auprès de quelques personnes avant de la soumettre plus largement.

Chez Delta, on négocie donc beaucoup. Le processus d'amendement d'une proposition nouvelle peut prendre énormément de temps. Chacun a envie de se sentir consulté. Les projets d'action doivent être soigneusement validés.

Les phases initiales de lancement d'une nouvelle action sont donc complexes, mais en contrepartie la forte culture de cohésion et de solidarité de l'organisation doit en principe faciliter la mise en œuvre.

Delta est-elle prête à affronter les défis de la concurrence d'aujourd'hui ?

– En somme, Delta est une organisation fortement hiérarchique, aux procédures lourdes et routinières…

– … mais également rodées et sécurisantes, propres à renforcer le sentiment d'appartenance à l'entreprise.

– Oui. Difficile pour le patron lui-même de décider sans s'être assuré de l'existence d'un réseau de soutien. Delta est une organisation qui se qualifie de *politique*. Bien sûr, toutes ces procédures freinent les élans et prennent du temps. Aussi l'entreprise est peu innovante. Qu'importe que l'on puisse détenir une « bonne solution », chez Delta il est important de ne pas avoir raison trop tôt. Un mécanisme IJR fréquemment à l'œuvre est le suivant : « Ne vais-je pas être rejeté par le groupe si je m'accroche à mon scénario ? »

– Voilà un mécanisme IJR propre à soutenir la cohésion des organisations « Nous » !

– IJR paraît agir comme une véritable routine psychologique qui teinte jusqu'à la stratégie de l'entreprise et la manière dont cette dernière est « vendue » en interne. Elle imprègne les rouages de l'organisation et les processus de mise en œuvre. Plusieurs caractéristiques de Delta sont ainsi transversales aux organisations « Nous ».

Merlin dessina le tableau suivant :

Tableau 7
Delta, une organisation « Nous » typique

Stratégie	– *défense de l'intérêt collectif* – progrès social recherché au travers de la protection des individus
Appropriation de la stratégie	– règles fortes pour *garantir la cohésion* – processus sophistiqués de négociation interne
Allocation des ressources	– *administrée bureaucratiquement* – systèmes de mutualisation et de redistribution
Mise en œuvre	– *priorité au jeu collectif* – contrôle serré de processus complexes et de plans d'action détaillés

– Il s'agit donc d'une organisation performante !

– Au départ, oui. Mais comme toutes les organisations, Delta risque en vieillissant la sclérose. Dans le cas des organisations « Nous », cette sclérose prend une forme bien particulière.

– Que veux-tu dire ?

– Dans la phase de démarrage, l'exaltation des débuts et le discours généreux de la jeune organisation permettent de fédérer les énergies. Des routines positives se mettent en place, l'organisation apprend son métier et les distances cognitives se réduisent. Les distances relationnelles demeurent invisibles ou insignifiantes.

– Puis, enchaîna Marin, comme Delta se complexifie, les processus se sophistiquent et les enjeux de contrôle et de pouvoir deviennent visibles. Les distances relationnelles apparaissent au grand jour. De ce fait, la motivation baisse, les délais d'exécution augmentent et la qualité se détériore. Les distances cognitives, qui jusqu'à présent diminuaient, s'inversent et partent à la hausse…

– … jusqu'à la phase de blocage, appuya Marko. Chez Delta, la complexité du système a fini par dépasser les capacités de bonne exécution des acteurs. On a beau se démener, rien ne

© Groupe Eyrolles

bouge. Les plus actifs ressemblent à des abeilles prisonnières d'un bocal. D'autres ont baissé les bras. Pour tous, le stress est très élevé. Obtenir la moindre ressource nécessite des manœuvres infinies. Qu'il s'agisse de gestion budgétaire, ou de ressources humaines, les exceptions aux règles se multiplient. Les distances cognitives sont à leur comble. Les régimes dérogatoires s'ajoutent aux anciennes dispositions, auxquelles on se garde bien de toucher pour ne pas perturber les équilibres savamment négociés du « Nous » ! Les distances relationnelles explosent littéralement interdisant une remise à plat du système. La défiance est à son comble. Ainsi que le besoin de reconnaissance. Avec les difficultés économiques, le système menace de dégénérer dans des intrigues claniques à l'encontre des objectifs de solidarité et d'équité initialement recherchés.

— Quel tableau saisissant, on s'y croirait !

— Je vous avais bien dit que le cas de Delta vous rappellerait maintes situations réelles.

— Ce qui me frappe, c'est que Delta paraît menacée par la primauté qu'elle a accordée aux *valeurs de solidarité sur celles d'autonomie*. Comme si chacun finissait par se retrouver otage des autres.

— Quoi d'étonnant, quand une des caractéristiques des organisations « Nous » est précisément d'avoir du mal à dire non ? Souviens-toi que nombre de leurs membres craignent d'être rejetés en défendant des scénarios qui apparaîtraient à leurs pairs comme trop osés ! Chez Delta, on juge vite et on est prompt à coller des étiquettes. Dans les cas extrêmes, la crainte d'être rejeté peut conduire à s'interdire de faire des propositions intelligentes. Poids des règles et pression du collectif conduisent à l'autocensure.

— Le risque d'attrition des marges de manœuvre individuelles est donc un défi récurrent des entreprises « Nous ».

— Oui, Marin, comme si les procédures qui avaient jadis fait la force de Delta menaçaient aujourd'hui de la précipiter dans un véritable cycle de déresponsabilisation. Te souviens-tu du grand huit ? Ce schéma qui figure comment, avec le temps, des entreprises peuvent « dévisser » d'un cycle de création de valeurs pour être précipitées dans un cycle de destruction de richesses. Dans le cas de Delta, ce grand huit ressemble à ceci :

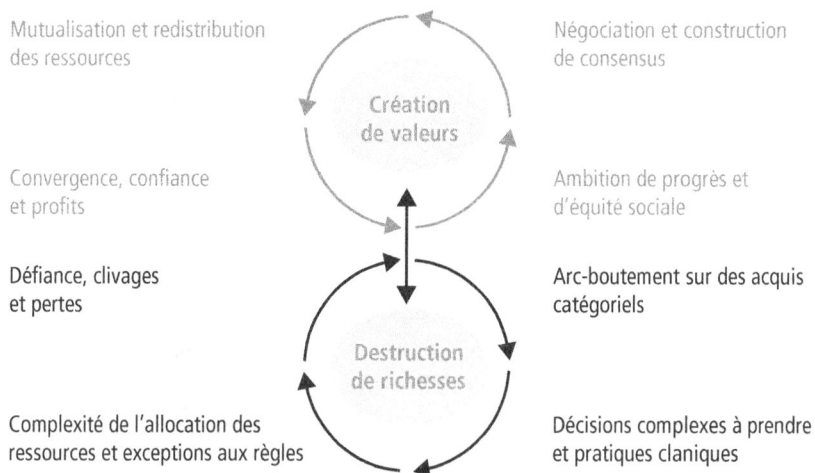

Mutualisation et redistribution
des ressources

Négociation et construction
de consensus

**Création
de valeurs**

Convergence, confiance
et profits

Ambition de progrès et
d'équité sociale

Défiance, clivages
et pertes

Arc-boutement sur des acquis
catégoriels

**Destruction
de richesses**

Complexité de l'allocation des
ressources et exceptions aux règles

Décisions complexes à prendre
et pratiques claniques

Copyright G4 2007

Figure 23 – Delta, un grand huit « Nous »

- Les difficultés de Delta renvoient sans cesse à la grandeur de sa mission. On peut légitimement s'impatienter devant la lenteur des décisions… Ce sont pourtant ces mêmes mécanismes collégiaux de prise de décision qui ont su fonder une organisation garante de lien social à l'échelle de communautés entières.

- Oui. Mais tout cela est aujourd'hui remis en cause par la concurrence. Les organisations « Nous » coûtent trop cher. La concurrence ne pardonne plus aux directions de ces entreprises d'engager des coûts de contrôle trop élevés. Elle ne pardonne plus non plus à leurs salariés de s'engager dans des processus de dédouanement eux aussi trop coûteux[1].

- Quels conseils donnerais-tu aux dirigeants des entreprises « Nous » ?

- Les voici :

---

1. La théorie de l'agence a montré l'importance pour les entreprises de réduire leurs coûts de contrôle et de dédouanement.

Conseils

- Simplifiez tout ce que vous pouvez, simplifiez les organisations, simplifiez les processus.
- Pilotez par les délais, raccourcissez les échéances.
- Appuyez-vous sur la culture interne de solidarité pour promouvoir des valeurs de responsabilité.
- Développez l'innovation et l'intrapreneuriat.

- Une voie, se hasarda Marko, pour la réduction des coûts de fonctionnement des organisations « Nous », passe par la décentralisation des décisions à des équipes proches des réalités du terrain, bien formées, autonomes et responsables.
- Autonomie, le mot est lâché !
- S'agirait-il de l'un des fondements des organisations « Moi » ? devina Marko.
- Qu'est-ce qu'une organisation « Moi » ?
- Raisonnons par analogie. Si, dans l'organisation « Nous », chacun a tendance à se situer par rapport aux autres, dans l'organisation « Moi » on doit davantage être enclin à positionner les autres par rapport à soi.
- Et qu'est-ce que cela veut dire ?
- Reprenons l'exemple de l'embouteillage, que nous avons étudié au premier chapitre de ce livre. Souvenez-vous… Qu'importe que le carrefour soit embouteillé, dès que le feu vire au vert, tout le monde se précipite. Comme si chacun avait peur que l'autre ne prenne sa place !
- Bravo Marko, cet embouteillage est un bel exemple d'organisation « Moi ».

Organisation « Moi » : il s'agit d'une organisation dans laquelle les séquences IJR et les distances relationnelles sont fréquemment construites autour d'un jugement du type : « Oui, mais si je ne fais pas ça, quelqu'un d'autre va le faire à ma place ! »

- Oups ! Je suis certain que tu as un exemple.
- Bien sûr. Je vous propose celui de Gamma.

© Groupe Eyrolles

- Vive l'alphabet grec !
- Gamma, comme Delta, est une organisation fictive construite pour illustrer certaines caractéristiques des organisations « Moi ». Mais ici encore, l'histoire de Gamma devrait vous rappeler bien des situations réelles.
- Allons-y !

Forces et faiblesses des organisations « Moi »

Le cas de Gamma

Gamma est une entreprise de haute technologie en forte croissance. C'est une grosse PME gérée au cordeau sur un marché extrêmement compétitif. La mission de Gamma est parfaitement définie. L'entreprise se veut leader dans son domaine. Des cohortes de jeunes diplômés ambitieux rêvent d'y faire leurs armes.

Aussi Gamma est-elle une entreprise très sélective qui se targue de recruter les meilleurs. Les progressions de carrière et de salaire y sont particulièrement rapides. Rentrer chez Gamma est un excellent passeport professionnel. Mais en interne la compétition est rude. C'est la loi du « up or out » : ceux qui ne sont pas promus doivent quitter l'entreprise. Chez Gamma, il faut être vraiment performant pour ne pas voir sa place prise par un autre.

Pourtant de nombreux dispositifs rendent l'ambiance, non seulement vivable, mais même plaisante. Chez Gamma, le « fun » est érigé en valeur, les dîners et les fêtes sont légion. Il n'est d'ailleurs pas rare, pour un jeune diplômé, de rencontrer sa future conjointe à l'occasion de l'un des événements organisés par l'entreprise.

Le management a les pieds sur terre. La culture est directe, franche, au besoin conflictuelle. Il est important, chez Gamma, d'être le premier à proposer l'idée qui « fera un malheur ». Et de la défendre bec et ongles ! La prise de risque est encouragée et le droit à l'échec reconnu.

Pour autant, Gamma est-elle prête à affronter les défis de la société d'aujourd'hui ?

- Gamma est-elle une entreprise sereine ? demanda Marin.

- Le succès permet la sérénité, mais dans une certaine mesure seulement. La vigilance reste de mise. Gamma ne renierait pas cette phrase d'un président d'Intel qui affirmait que *« seuls les paranoïaques survivent ! »*. Pour Gamma, la véritable catastrophe serait de laisser filer l'opportunité du siècle chez un concurrent. Le management calcule régulièrement sa part de marché relative. Un mécanisme IJR fréquemment à l'œuvre chez Gamma est le suivant : « Quelqu'un ne va-t-il pas me dépasser si je ne progresse pas ? »

- IJR contribue donc à soutenir la compétitivité des organisations « Moi ».

- Oui. Comme pour Delta et de manière parallèle, IJR agit comme une véritable routine psychologique qui imprègne les rouages et les processus de l'organisation. Voici certaines des caractéristiques d'une organisation « Moi ».

Tableau 8
Gamma, une organisation « Moi » typique

Stratégie	– *récompense des plus entreprenants* – maximisation du retour sur capitaux investis
Appropriation de la stratégie	– *conflit assumé* comme un facteur d'amélioration des décisions – décideurs clairement identifiés et objectifs clairs pour tous
Allocation des ressources	– en priorité *aux projets les plus créateurs de valeurs* – suivi précis de l'utilisation des ressources investies
Mise en œuvre	– *priorité à l'exécution rapide* des tâches – simplification des processus et des organisations

- Gamma est donc une organisation performante ou je ne m'y connais pas ! Gamma me rappelle une Delta qui aurait fait sa révolution, simplifié ses structures et limité sa bureaucratie pour mieux servir ses clients. Une organisation dans laquelle des individus autonomes sont capables de coopérer pour réduire les coûts.

– On se doit certes, chez Gamma, d'être autonome et respon-sable. Mais tu ne seras pas surpris d'apprendre que Gamma, comme toutes les organisations, risque en vieillissant une forme de sclérose…

– … propre à menacer les organisations « Moi », compléta Marko. Laisse-moi deviner. Au démarrage du système, l'esprit d'entre-preneur des jeunes pionniers fait merveille. Le perfectionne-ment progressif des systèmes de gestion de la performance permet de réduire les distances cognitives, tandis que les distances relationnelles demeurent invisibles ou insignifiantes.

– Puis, enchaîna Marin, le jeu de la compétition freine la capacité à prendre en compte les échéances lointaines. La priorité est donnée au court terme au détriment de la capacité d'innovation et des investissements à long terme. La stratégie s'efface derrière les urgences. Et pourtant, au capital de l'entreprise, des montages juridiques et financiers toujours plus complexes lient les fonds d'investissement, les fondateurs et les salariés bénéfi-ciaires de stock-options… C'est la phase de la complexification : les distances cognitives augmentent et les responsabilités individuelles se brouillent.

– … Jusqu'à ce que le poids des sollicitations de court terme finisse par dépasser les capacités d'exécution des acteurs. Blocage, le système se grippe. À force de polyvalence, tout le monde court au four et au moulin. Les délais d'exécution doivent se raccourcir, le stress augmente. Les ressources humaines valsent. Pour simplement continuer à fonctionner, il faut désormais multiplier les comportements de survie. À qui le prochain tour ? La pression se porte sur les fournisseurs, puis sur les fonctionnels du siège, avant de menacer les centres de profit sur le terrain. D'outsourcing en délocalisations, l'écosys-tème s'appauvrit en cercles centripètes successifs. Organisa-tions syndicales, élus locaux, associations de défense de l'envi-ronnement, tout le monde y met du sien. Les distances relationnelles explosent littéralement interdisant une remise à plat du système. La défiance est à son comble !

Merlin reprit posément la parole.

- Enthousiasme des débuts, complexification, puis débordement des individus avant la mort, ou la réforme, de l'organisation, nous retrouvons ici un cercle vicieux en quatre étapes assez proche de celui des entreprises « Nous ».

- Avec cette différence toutefois que les entreprises « Moi » semblent, elles, menacées par le primat accordé aux valeurs d'autonomie sur celles de solidarité. Une menace symétrique de celle qui pèse sur les entreprises « Nous », engluées dans un excès de solidarité et un déficit d'autonomie.

- Chez Gamma aussi on juge vite et on peut rapidement se trouver étiqueté dans le camp des perdants ! dit Marin. Concurrence interne débridée, turnover du personnel, isolement des individus au sein de collectivités conflictuelles morcelées, réduction des ressources consacrées au développement d'écosystèmes jugés périphériques, le risque d'attrition des espaces de collaboration est un défi récurrent des entreprises « Moi ».

- Oui, Marin. Comme si Gamma oscillait, elle aussi, entre un cercle de création de valeurs et un cycle de destruction de richesses. Son grand huit ressemble à ceci :

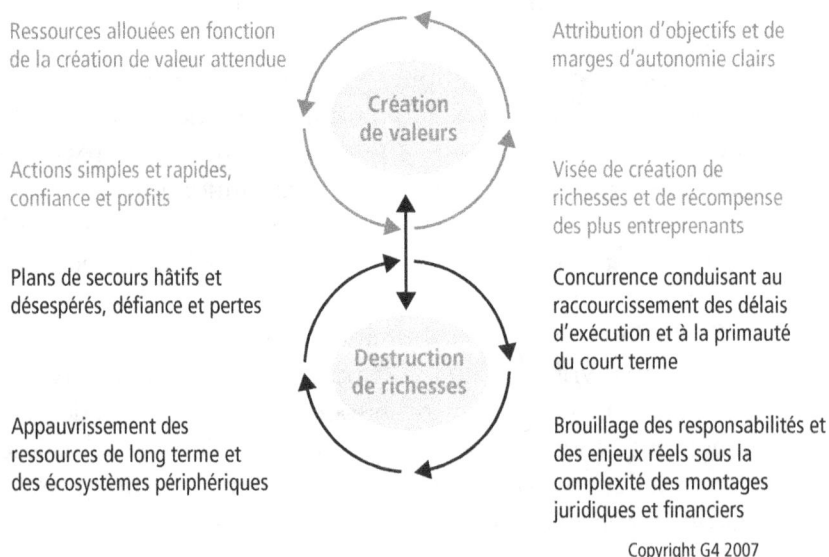

Ressources allouées en fonction de la création de valeur attendue

Attribution d'objectifs et de marges d'autonomie clairs

Création de valeurs

Actions simples et rapides, confiance et profits

Visée de création de richesses et de récompense des plus entreprenants

Plans de secours hâtifs et désespérés, défiance et pertes

Concurrence conduisant au raccourcissement des délais d'exécution et à la primauté du court terme

Destruction de richesses

Appauvrissement des ressources de long terme et des écosystèmes périphériques

Brouillage des responsabilités et des enjeux réels sous la complexité des montages juridiques et financiers

Copyright G4 2007

© Groupe Eyrolles

Figure 24 – Gamma, un grand huit « Moi »

– Quels conseils donnerais-tu aux dirigeants d'une entreprise « Moi » ?

Conseils

– Promouvez le droit à l'erreur, et récompensez les essais innovants, même infructueux.

– Multipliez les occasions de partages d'expérience.

– Appuyez-vous sur la culture interne de performance pour développer le mécénat et l'entrepreneuriat social.

– Multipliez les créations de communautés professionnelles internes (ex : communauté marketing, communauté RH, communauté des entrepreneurs solidaires, etc.).

– Les difficultés de Gamma renvoient sans cesse à la grandeur de sa mission, intervint Marko. On ne défriche pas des terres nouvelles sans commettre d'excès. C'est la même ambition qui préside aux plus belles innovations et sape les liens entre les hommes.

– Certes, mais tout cela est aujourd'hui remis en cause par des déséquilibres criants dans la répartition des richesses, la montée de la précarité, de l'exclusion, de l'insécurité et du terrorisme. Les organisations « Moi » coûtent aujourd'hui trop cher à la collectivité considérée dans son ensemble. Protocole de Kyoto, écotaxes, projet de taxe Tobin, juridictions d'arbitrage internationales, pour ne citer que quelques exemples, leur régulation s'accompagne de l'engagement de coûts de contrôle de plus en plus élevés. On va même jusqu'à inventer des systèmes de dédouanement, comme le marché des « droits à polluer ».

– Organisation « Nous », organisation « Moi », toutes ont donc leurs limites. Que peut-il y avoir après ? Vers quel sommet, ou vers quel abîme, nous dirigeons-nous ?

– Pas si vite, pour comprendre les enjeux de la période que nous traversons, revenons en arrière et faisons un peu d'histoire… L'ère des organisations modernes, adaptées à la production de masse, commence avec le taylorisme. La production industrielle succède à la production artisanale. Les principes dits « d'organisation scientifique du travail » définissent pour chacun une place et une fonction précises dans la chaîne de production. La productivité se développe et le niveau de vie s'élève. Pour autant, la compartimentation extrême des tâches freine l'épanouissement relationnel des individus et interdit un nouvel essor de la productivité. Des organisations plus participatives se mettent donc en place. La structuration de mécanismes de coopération, l'enrichissement des tâches, la mutualisation de certaines ressources, permettent de développer la motivation des individus et l'agilité de ces organisations. Ce modèle a, par exemple, permis l'essor du mouvement mutualiste de l'après-guerre.

— Tes organisations participatives, Merlin, ressemblent furieusement à des organisations « Nous ».

— Oui Marko. Puis les organisations compétitives « Moi » résulteront du développement, à l'intérieur des systèmes collectifs « Nous », de l'esprit d'initiative et de prise de risque individuel. Les lois du marché et de la concurrence gouvernant le système capitaliste libéral ont dopé l'efficacité des anciens systèmes coopératifs en libérant les gisements d'autonomie des individus.

— Si je te suis bien, la naissance de nouvelles formes d'organisation est l'enjeu de la période historique que nous traversons. Sans rien renier des conquêtes passées, ces nouvelles formes devront ajouter à la solidarité des organisations « Nous » et à l'autonomie des organisations « Moi », quelque chose d'autre. Mais quoi ?

— La responsabilité.

— La responsabilité ?

— Solidarité + autonomie = responsabilité. En d'autres termes, ce n'est que lorsqu'on est capable de se prendre en charge et qu'on réalise pleinement l'importance des liens de solidarité qui nous lient à autrui, que l'on peut devenir pleinement responsable.

Les entreprises aussi progressent en tirant des bords

– Regarde le schéma suivant :

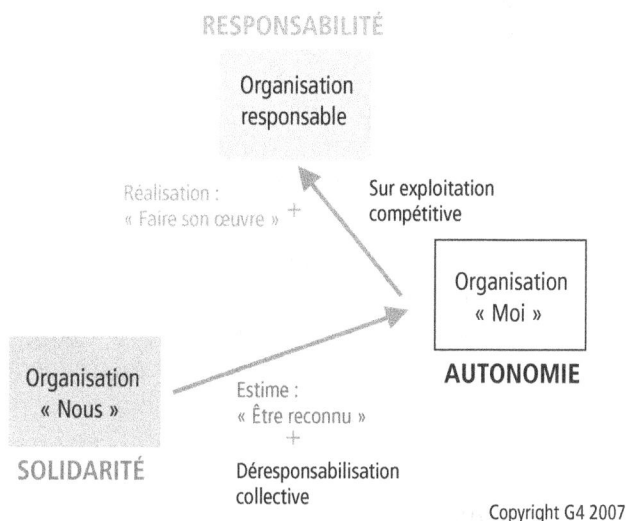

RESPONSABILITÉ

Organisation
responsable

Réalisation :
« Faire son œuvre »   +

Sur exploitation
compétitive

Organisation
« Moi »

AUTONOMIE

Organisation
« Nous »   Estime :
« Être reconnu »
+

SOLIDARITÉ   Déresponsabilisation
collective
Copyright G4 2007

Figure 25 – Pyramide organisationnelle

– Souviens-toi, les organisations, comme les hommes, progressent en tirant des bords : un pas vers la solidarité, un pas vers l'autonomie.

– Une voie pour réduire les coûts humains, écologiques et financiers générés par les organisations « Moi », passe donc par le rééquilibrage des valeurs d'autonomie et de solidarité.

– Si tu veux, mais les changements de valeurs ne se décrètent pas si facilement. Ils sont plus des résultats que des moyens.

– Alors quels mécanismes pourraient pousser à l'adoption de ces nouvelles formes d'organisation ?

– Nous pouvons nous risquer à quelques hypothèses. Selon moi, ces nouvelles formes pourraient apparaître sous la pression de la sophistication croissante des besoins psychologiques des individus et sous la pression de dysfonctionnements systémiques qui, apparus avec le temps, finissent par mettre les organisations en porte-à-faux avec leur environnement avant de les condamner à se réformer ou à périr.

– Ouh là ! Explique-toi.

– Les besoins psychologiques des individus constituent les premiers vecteurs de progrès. Notre pyramide organisationnelle coïncide avec l'échelle des aspirations des individus telle que définie par Maslow. Rappelez-vous : pour Maslow, les individus aspirent d'abord à la satisfaction de leurs besoins physiologiques. Puis, ils recherchent successivement les satisfactions de leurs besoins de sécurité (physique et économique), de participation et d'appartenance, d'estime et de reconnaissance, et enfin de réalisation (faire son œuvre).

– Laisse-moi deviner où tu veux en venir. L'agriculture et les formes de travail artisanales ont assuré peu ou prou à chacun, dans nos systèmes occidentaux, le boire et le manger. L'organisation tayloriste et le développement du salariat ont reculé les horizons de survie économique et apporté une plus grande sécurité économique. Le besoin d'appartenance des individus a trouvé à s'exprimer dans l'organisation participative « Nous ». Quant à l'organisation compétitive, elle constitue un magnifique terrain où chacun cherche à voir honorer son besoin d'estime. L'organisation responsable devrait donc, par analogie, procéder du désir de quelques-uns de se réaliser plus pleinement.

– Oui Marin.

Marko pourtant n'était pas convaincu.

– Tout cela n'est-il pas un peu idéaliste ?

– Je n'en suis pas si sûr. Regarde aujourd'hui le nombre de jeunes diplômés qui se renseignent, avant de signer un contrat d'embauche, sur les initiatives de leur futur employeur en matière de développement durable ou de responsabilité sociale d'entreprise. C'était inimaginable il y a seulement dix ans… Les individus veulent aujourd'hui se réaliser dans leur travail. Mais mon histoire ne s'arrête pas là. Souvenez-vous, je vous ai parlé d'un deuxième moteur, vecteur de progrès organisationnel.

– Tu veux parler de ces « dysfonctionnements systémiques qui condamnent l'organisation à se réformer ou à périr » ?

– Oui. Chaque « saut » de maturité organisationnelle supplémentaire ne résulte pas seulement des désirs des individus. Il est aussi, périodiquement, une impérieuse nécessité collective pour sauver un système à bout de souffle. Lorsqu'une masse critique d'individus déploie un modèle organisationnel supérieur, le nouveau modèle et l'ancien coexisteront en compétition pendant un certain temps seulement. Puis, les tenants de l'ancien modèle n'auront d'autre choix que d'adopter le nouveau ou de disparaître.

– C'est ainsi que les organisations tayloristes se sont imposées quand les organisations artisanales condamnaient chacun à une débauche d'activité précaire. Et que les organisations participatives ont pris le relais quand la sous-performance des organisations tayloristes, victimes du morcellement des tâches qu'elles avaient instauré, est devenue criante. Puis les organisations participatives ont commencé à ployer sous le poids de pratiques déresponsabilisantes et les organisations compétitives ont eu le champ libre...

– Peut-être. Par analogie, l'organisation responsable devrait donc apparaître pour sauver le système « Moi » de la surexploitation compétitive qui l'a conduit à appauvrir ses écosystèmes.

– Comme si, seules de nouvelles pratiques de responsabilité pourraient permettre de pallier les déséquilibres (pauvreté, terrorisme) que les excès de la concurrence ont engendrés. Tu fais donc le pari que ces nouvelles responsabilités naîtront, au plan individuel, du désir de réalisation de certains individus et, au plan collectif, de l'apparition de nouvelles formes d'organisation plus performantes condamnant les anciens systèmes ?

– Oui, c'est bien le pari que je fais.

– Mais en quoi ces nouvelles formes d'organisation seront-elles plus performantes ?

– Elles coûteront moins cher.

– Moins cher ? Mais il est moins cher, pour une usine, de polluer son environnement que de filtrer les gaz qu'elle rejette !

– Moins cher à la collectivité dans son ensemble, Marin. Il est beaucoup moins cher d'acheter un filtre que de dépolluer une région. Il est infiniment moins cher de poser ce filtre que de solder des milliers de procès. De nouvelles formes d'organisation encore à inventer doivent permettre de réduire les coûts de contrôle et de dédouanement à l'échelle de collectivités entières. C'est la mission des organisations responsables et une opportunité de réalisation personnelle pour des individus désireux d'accomplir une œuvre.

Résumé

- Une organisation « Nous » est une organisation dans laquelle les séquences IJR et les distances relationnelles sont fréquemment construites autour d'un jugement du type : « Oui, mais si je fais ça, le groupe ne va-t-il pas m'exclure ? » On s'y positionne par rapport aux autres.

- Avec le temps, le primat accordé aux valeurs de solidarité sur celles d'autonomie, menace de précipiter les organisations « Nous » dans un mécanisme de déresponsabilisation destructeur de valeurs.

- Une organisation « Moi » est une organisation dans laquelle les séquences IJR et les distances relationnelles sont fréquemment construites autour d'un jugement du type : « Oui, mais si je ne fais pas ça, quelqu'un d'autre ne va-t-il pas prendre ma place ? » On y positionne les autres par rapport à soi.

- Avec le temps, le primat accordé aux valeurs d'autonomie sur celles de solidarité, menace de précipiter les organisations « Moi » dans une sur-compétitivité coûteuse pour leurs écosystèmes humains, sociaux, écologiques et financiers.

- Une organisation responsable est une organisation à la fois autonome et solidaire.

- Ces nouvelles formes d'organisation peuvent naître de la volonté d'individus désireux de se réaliser plus pleinement, comme d'une réponse aux dysfonctionnements systémiques engendrés par les organisations « Nous » et « Moi ».

- Elles permettent de réduire certains coûts (financiers, écologiques, sociaux…) à l'échelle de collectivités entières.

Conclusion
Le manager créateur

« On ne se lasse pas de considérer que la société
serait radicalement différente si les hommes
agissaient dans leur intérêt. »
François Proust

« Le management créateur n'est pas une idéologie,
mais une pratique. »

Ce vendredi avait un petit air de fête. Quelque chose était en train de s'achever. Ou plutôt de commencer.

– Entre la fin et le commencement s'ouvre l'espace de la création, disait Merlin un peu doctement.

Mais comme d'habitude, Marin se sentait d'humeur critique.

– Oui, mais pour créer quoi ? Qu'y a-t-il au bout du chemin ? Une organisation responsable ? Donne-moi le mode d'emploi !

Marko, lui, comme à l'accoutumée, recherchait des perspectives pratiques à coups de bon sens.

– Les organisations responsables seront créées par des dirigeants responsables !

– Et qu'est-ce qu'un dirigeant responsable, Marko ?

– Un dirigeant autonome et solidaire. Autonome, parce que capable, comme un investisseur, de prendre des risques à long terme. Solidaire, parce que apte, tel un politique, à élargir sa stratégie à la sauvegarde des intérêts du plus grand nombre.

– Le malheur, persifla Marin, est que bien des dirigeants – qu'ils
soient par ailleurs des investisseurs ou des politiques – sont
aujourd'hui la « tête dans le sac » !

– La « tête dans le sac » ?

– Accablés de priorités à court terme et préoccupés par leur
propre survie.

– Vous conviendrez donc que l'urgence est moins de deviner le
détail du nouveau modèle organisationnel au bout du chemin,
que de trouver le mode d'emploi pour sortir la tête du sac, dit
Merlin.

Marin et Marko acquiescèrent.

– Mettons-nous en marche ! Et commençons par une prise de
conscience…

– De quoi ?

– Des causes rationnelles de notre irrationalité : nous ignorons,
jugeons et réagissons.

– Tu l'as déjà dit !

– J'insiste dessus, parce que ce mécanisme est auto-camouflant :
nous ignorons que nous ignorons, et c'est précisément ce qui
nous empêche de « sortir la tête du sac » !

– … ?

– Il est indispensable, pour véritablement agir dans des situations
de management hautement complexes et incertaines, de
démêler les cercles vicieux systémiques à l'œuvre. Jusqu'à
reconnaître la vaste et naturelle étendue de notre coresponsabilité. Et cela, IJR tend à nous le masquer.

– En d'autres termes, ceux qui ignorent leur part de coresponsabilité ont donc, consciemment ou inconsciemment, abdiqué
tout pouvoir de transformation et orchestré leur propre impuissance !

Conseil

Cherchons notre part de coresponsabilité partout, dans ce qui va bien
comme dans ce qui dysfonctionne.

– Oui. Comment changer quoi que ce soit, si on reste persuadé que c'est « autrui qui nous fait ça » ? Le terrorisme, les déséquilibres écologiques, la concurrence économique, aujourd'hui tout le monde a l'impression que « on » nous fait ça. Et tous se déclarent impuissants. L'ampleur de notre pouvoir de réforme est à la mesure exacte de la part de coresponsabilité que nous avons accepté de reconnaître. Cette simple prise de conscience provoque un désir, ou une souffrance, ou les deux. C'est-à-dire un changement. Le désir est le carburant du progrès choisi, la souffrance celui du progrès contraint. L'homme qui prend conscience de son désir, ou de sa souffrance, *nécessairement* se transforme. Si la vague du désir ne suffit pas à apporter le changement, le creux de la souffrance inéluctablement le fera triompher.

– La souffrance n'a pas bonne presse !

– Créatrice d'avenir, la souffrance n'est pourtant l'avenir que de ceux qui l'ont fuie. Chaque engourdissement d'aujourd'hui dégoupille une grenade du futur. Chaque petit mouvement de réforme dans l'ici et le maintenant la désamorce.

– Au-delà de cette prise de conscience, comment progresser ?

– En fuyant les idéologies. Il ne s'agit pas de prôner un nouveau dogmatisme qui préconiserait de quelconques normes universelles. L'organisation responsable n'est pas une idéologie, mais le résultat imprévisible et toujours changeant d'une nouvelle gymnastique managériale.

– Une gymnastique managériale ?

– Une discipline du quotidien, un labeur de tous les jours, porteur de progrès millimétriques *hic et nunc*. Un art de la minimisation des petites souffrances. Le manager responsable est homme (ou femme) de petites faiblesses et de désirs précoces pleinement assumés.

– Tu es en verve aujourd'hui.

– Souvenez-vous : les vraies réformes ne sont pas des tempêtes. Elles arrivent sur des pattes de colombes.

– Peux-tu être plus concret ? De quelles réformes parles-tu ?

– De celles qui permettront de réduire les distances cognitives et relationnelles dans nos organisations.

– Comment s'y prendre ?

– Relisez le chapitre 9.

– Mais encore ?

– En face de l'inéluctabilité des distances cognitives, la seule réponse managérialement correcte est la *reconnaissance du droit à l'erreur*. Nos erreurs sont nos meilleurs maîtres. Elles nous enseignent bien davantage que toutes les business schools du monde. Ceux qui ont beaucoup échoué sont susceptibles d'avoir appris plus que les autres. Il reste à inventer des organisations capables d'en tirer toutes les conséquences…

– Par exemple ?

– Lorsque nous nous refusons collectivement le droit à l'erreur, nous nous condamnons tout aussi collectivement au mensonge. Et ce mensonge provoque d'autres erreurs, qui induisent de nouveaux mensonges… jusqu'à la faillite complète du système.

– Je perçois mieux pourquoi les cultures d'entreprises tellement obsédées de perfection qu'elles en viennent à gommer la trace de leurs échecs, m'ont toujours paru suspectes. Elles se privent de leurs plus grandes chances de progrès.

– Le plus sûr moyen qu'a un manager de s'assurer qu'on ne cessera jamais de lui mentir est d'exiger la perfection de ses subordonnés. Les organisations les plus performantes font exactement l'inverse : elles encouragent le droit à l'erreur et sanctionnent le mensonge.

___ *Conseil* _____

Célébrons les essais imparfaits.

– Sanctionner le mensonge est-il aussi un moyen de réduire les distances relationnelles ?

– Oui. De la même manière qu'en face des distances cognitives, je recommande le *droit à l'erreur*, en face des distances relationnelles, je plaide pour un *effort de transparence* accrue. Le premier est donné, le second librement assumé. Les deux s'entretiennent. Sans reconnaissance du droit à l'erreur, personne ne prendra le risque d'une transparence accrue. Sans transparence sur les erreurs commises, le droit à l'erreur est vain et tout progrès une illusion. Je propose de remplacer perfection de façade et opacité souterraine par droit à l'erreur et effort de transparence accrue.

– Tu es bien pessimiste sur la réalité de nos organisations.

– Au contraire. Une chose me rend profondément optimiste : on ne manipulera jamais les autres autant qu'on s'est manipulé soi-même.

– En d'autres termes ?

– Un jour viendra où chacun d'entre nous trouvera un intérêt personnel à faire tomber les barrières qui le retenaient prisonnier. Et tous en profiteront. Réduisons nos coûts de contrôle et de dédouanement : le management responsable est une question d'intérêt bien compris.

– Où sont les freins ?

– Je viens de vous le dire : on ne manipulera jamais les autres autant qu'on s'est manipulé soi-même !

– Peux-tu faire plus simple ?

– Attention à *J*, au cœur *d'IJR*. Le jugement est la principale difficulté. Tout comme la recherche d'un bouc émissaire, le jugement est au mieux inutile, au pire contre-productif et néfaste.

– Qu'est-ce que le jugement ?

– Ce qui enferme dans le passé. En situation d'incertitude, le manager responsable choisit de s'ouvrir à l'avenir.

– Peut-il critiquer ?

– Oui. La critique n'est pas le jugement. Celui qui dit qu'une chose ne marche pas, critique. Celui qui en rend responsable l'incompétence d'autrui, juge. Tout le monde devrait apprendre à critiquer sans juger. La vraie critique est obligatoire pour progresser en situation d'incertitude.

– Peux-tu faire encore plus simple ?

Conseil

Ne juge pas, écoute, choisis, engage-toi. Puis crée et sois fidèle à ton œuvre.

Bibliographie

ARGYRIS C. et SCHÖN D., *Organizational learning*, Reading, MA : Addison-Wesley, 1978.

ARNAUD G., *Psychanalyse et Organisation*, Paris, Armand Colin, 2004.

BERNOUX P., *La Sociologie du changement dans les entreprises et les organisations*, Paris, Seuil, 2004.

BERRY M., *Une technologie invisible ? L'impact des instruments de gestion sur l'évolution des systèmes humains*, Centre de recherche en gestion de l'École Polytechnique, juin 1983.

BOUSSARD V., MERCIER D. et TRIPIER P., *L'Aveuglement organisationnel ou comment lutter contre les malentendus*, Paris, CNRS Éditions, 2004.

BRUNSSON N., *The Irrational Organization*, Chichester : John Wiley & Sons, 1985.

BRUNSSON N., *The Organization of Hypocrisy. Talk, Decisions, and Actions in Organizations*, Chichester : John Wiley & Sons, 1989.

CARTON G-D., *Éloge du changement*, Paris, Village Mondial, 1999.

CHARREIRE S. et HUAULT I., *Les Grands Auteurs en management*, Colombelles : Éditions EMS, 2002.

CITRIN J. et SMITH R., *The 5 patterns of extraordinary careers : the guide for achieving success and satisfaction*, Crown Business, 2003.

COHEN M.D., MARCH J.G. et OLSEN J.P., « A Garbage Can Model of Organizational Choice », *Administrative Science Quaterly*, n°17, 1972.

CORIAT B. et WEINSTEIN O., *Les nouvelles théories de l'entreprise*, Paris, Librairie Générale Française, coll. Le livre de poche, 1995.

CROZIER M. et FRIEDBERG E., *L'Acteur et le Système*, Paris, Seuil, 1977.

CROZIER M. et TILLIETTE B., *La Crise de l'intelligence Essai sur l'impuissance des élites à se réformer*, Paris, InterEditions/Points Essais, 1995.

CYERT R. et MARCH J.G., *The Behavioral Theory of the Firm*, Englewood Cliffs, NJ : Prentice Hall, 1963.

DAHL R.A., « The Concept of Power », *Behavioral Sciences*, n°2, p. 201-215, 1957.

DAHL R.A., « Power », *Encyclopedia of the Social Sciences*, vol.12, New York, p. 405-415, 1968.

ENRIQUEZ E., *L'Organisation en analyse*, Paris, PUF, 1992.

FIOL M. et SOLE A., « La question du management selon H.A. Simon », *Revue Française de Gestion*, juin-juillet-août 1993.

GAMBETTA D., *Trust : Making and Breaking Cooperative Relations*, New York/Oxford (G.-B) : Basil Blackwell, 1988.

GUITTON J. et ANTIER J.-J., *Le Livre de la sagesse et des vertus retrouvées*, Perrin, 1998.

JENSEN M.C. et MECKLING W.H., « Theory of the firm : Managerial behavior, agency costs and ownership structure », *Journal of Financial Economics*, 1976.

JENSEN M.C. et MECKLING W.H., « The nature of Man », *The Journal of Applied Corporate Finance*, été 1994.

KETS DE VRIES M.F.R., *Leaders, fous et imposteurs*, Paris, Eska, 1995, traduit de *Leaders, Fools and Imposters*, San Francisco : Jossey-Bass, 1993.

KETS DE VRIES M.F.R., *Combat contre l'irrationalité des managers*, Paris, Éditions d'Organisation, 2002, traduit de *Struggling with the Demon : Perspectives on Individual and Organizational Irrationality*.

KETS DE VRIES M.F.R. et MILLER D., *L'Entreprise névrosée*, Paris, Mc Graw-Hill, 1985, traduit de *The Neurotic Organization*, San Francisco : Jossey Bass, 1984.

LAVE C.A. et MARCH J.G., *An introduction to models in the social sciences*, New York : Harper & Row, 1975.

MANZONI J.F. et BARSOUX J.L., *The Set-Up-To-Fail Syndrome, How Good Managers Cause Great People to Fail*, Boston : Harvard Business School Press, 2002.

MARCH J.G., « Bounded Rationality, Ambiguity, and the Engineering of Choice », *Bell Journal of Economics*, 9 587-608, 1978.

MARCH J.G. et Simon H.A., *Organisations*, Paris, Bordas, 1991, traduit de *Organizations*, New York : John Wiley, 1958.

MOLES A., *Les Sciences de l'imprécis*, Paris, Seuil, 1995.

MONTAUD B. et al., *La Psychologie nucléaire, un accompagnement du vivant*, La Baume Cornillane : éditions Editas, 2001.

MOREL C., *Les Décisions absurdes, sociologie des erreurs radicales et persistantes*, Paris, Gallimard/Folio Essais, 2002.

NELSON R.R. et WINTER S.G., *An Evolutionary Theory of Economic Change*, Cambridge : Belknap Press of Harvard University Press, 1982.

PAVY G., *Dirigeants Salariés, Les liaisons mensongères*, Paris, Éditions d'Organisation, 2004.

POPPER K., *La Quête inachevée*, Paris, Calmann-Lévy (Presses Pocket/Agora), Chap. XXIX : « Problèmes et théories », pp. 185-189, 1986.

POPPER K., *La Connaissance objective*, Paris, Aubier, 1991.

SIMON H.A., « A Behavioral Model of Rational Choice », *Quaterly Journal of Economics*, n°69, 1955.

SIMON H.A., « Rational Choice and the Structure of the Environment », *Psychological Review*, n°63, 1956.

SIMON H.A., *Administration et Processus de décision*, Economica, 1983, traduit de l'anglais (1947).

SIMON H.A., *Administrative Behaviour : A study of Decision Making Process in Administrative Organization*, New York : The Free Press, 1947.

SOLÉ A., *Créateurs de mondes, nos possibles, nos impossibles*, Monaco : Éditions du Rocher, 2000.

SOLÉ A., « Comment les dirigeants décident-ils ? », *Les Echos, L'Art du Management*, 21 octobre 2004.

TARONDEAU J.C., *Politique de recherche en gestion*, Rapport au CNRS, 1985.

VON HAYEK F., *Scientisme et sciences sociales*, Paris, Presses Pocket, 1991.

WEICK K. E., *The Social Psychology of Organizing*, Reading, MA : Random House, 1979.

WEICK K. E., *Sensemaking in Organizations*, Thousand Oaks : Sage, 1995.

WEIL T, *Invitation à la lecture de James March*, Paris, Les Presses de l'École des Mines, 2000.

WILLIAMSON O.E., *Markets and Hierarchies : Analysis and Antitrust Implications*, New York : Free Press, 1975.

WILLIAMSON O.E., *Economic Institutions of Capitalism*, New York : Free Press, 1985.

WILLIAMSON O.E., *The Mechanisms of Governance*, Oxford : Oxford University Press, 1996.

Index

Remerciements

À Anne, dont l'amour, plus fort que mes jugements, m'a toujours soutenu. À mes enfants, à mes parents, à ma famille élargie, qui en acceptant de payer les pots parfois cassés m'ont tant appris. Ce livre est le leur, je le leur dédie.

À mes collègues de travail, à tous ceux qui m'ont reconnu le droit à l'erreur et appris l'effort de transparence. Je veux particulièrement remercier Bernard Gautier et Olivier Marchal de Bain et Cie, John Donaldson et Neil Pirie de Thomas Cook, Nicolas Dufourcq chez France Télécom, Aimé Perret, Nicolas Routier, Vincent Moullé et Guy Jeannin à La Poste. Merci aussi à Bruno Banton, de Spencer Stuart, dont l'amitié fut toujours précieuse.

D'autres aussi furent des précurseurs. Enseignants ou chercheurs, leurs réflexions ont nourri les miennes. Merci à Bernard Montaud et à l'équipe de la Psychologie Nucléaire pour la première formulation de l'hypothèse IJR. Merci à Gabriel Hawawini, à Charlie Galunic et à Manfred Kets de Vries de l'INSEAD, qui m'ont permis de préciser des notions balbutiantes. Merci à Michel Berry du Centre de Recherche en Gestion de l'École Polytechnique et de l'École de Paris, ainsi qu'à Jean-Claude Thoenig (ENS Cachan et Dauphine), qui ont encouragé ce livre à ses débuts.

Je souhaite remercier spécialement Géraldine Schmidt (IAE Paris I La Sorbonne) et Sandra Charreire (Université Paris Sud 11), dont les enseignements m'ont poussé à réécrire ce livre. Un mot tout à fait particulier également pour remercier de son soutien et de ses conseils la communauté HEC. Qu'Andreu Solé, Frédéric Dalsace et Jean-Loup Ardoin trouvent ici l'expression de ma gratitude.

Enfin, je ne peux terminer sans remercier Michel Crozier qui, alors que ce livre était encore au milieu du gué, fut un modèle d'écoute bienveillante.